KLAUDIA UND EBERHARD HOMANN

Unsere Lieblingsorte

Rund um Fort Cornwallis [S. 144] 2

Steht man westlich der Wehrmauern des alten Forts, hat man den weiten, grasbewachsenen Padang vor sich. Im Hintergrund erkennt man die Town Hall 5 und weitere koloniale Prachtbauten. Ein Stück weiter lockt die facettenreiche Jalan Masjid Kapitan Keling mit ihren Shophouses, Kirchen, Moscheen und Tempeln (s. S. 17).

001pn-ho

002pn-ho

29 Penang Hill (Bukit Bendera) [E4]

Willkommen auf der höchsten Erhebung der Insel! Hinauf geht es mit der Standseilbahn oder zu Fuß. Regenwald mit exotischen Pflanzen und Tieren, ein Hindu-Tempel, eine Moschee und historische Relikte bilden eine einzigartige Kulisse. Wer möchte, lässt das herrliche Panorama bei einem Drink in der Sky Terrace auf sich wirken (s. S. 41).

Batu Ferringhi [D2] 32

Was wären die Tropen ohne palmengesäumte Sandstrände? Hier wird man garantiert fündig! Wunderbar kann man am Strand spazieren, in den Wellen planschen oder im Schatten mächtiger Kasuarinen dem Meeresrauschen lauschen. Und nach einem einmaligen Sonnenuntergang stürzt man sich direkt ins Getümmel des Night Market (Pasar Malam) 33 (s. S. 56).

003pn-ho

004pn-ho

50 Snake Temple (Chor Soo Kong Temple) [E8]

Im Schlangentempel lässt sich die Faszination des „fernen Ostens“, wie man Süd- und Ostasien einst bezeichnete, hautnah erleben. Inmitten des reich verzierten buddhistischen Tempels und dessen wunderschönem Garten kann man etliche giftgrüne Lanzenottern entdecken, die für echten Thrill sorgen (s. S. 71).

Liebe Grüße ...

005pn-ho

... aus dem Street-Art-Viertel in George Town

George Towns Altstadt ist zwar ohnehin schon eine Augenweide, seit 2012 ist sie aber noch um einige Kunstwerke reicher: Lebendige Street-Art setzt sich eindrucksvoll mit dem Alltag der Bewohner auseinander. Die meisten Werke findet man rund um die Lebuh Armenian (s. S. 29).

... aus dem Eastern & Oriental Hotel

Einen Rundgang durch das historische Erbe von George Town schließt man hier angemessen ab, etwa beim High Tea im Sarkies. Das ehrwürdige Hotel im Kolonialstil atmet den Charme vergangener Zeiten. Die Wellen des Meeres plätschern an die Mauer, der Wind säuselt in den Blättern der Palmen und livrierte Kellner erfüllen nahezu jeden Wunsch (s. S. 21).

006pn-ho

007pn-ho

... von der Tropical Fruit Farm

Wer sich ausgiebig dem Genuss tropischer Früchte hingeben möchte, ist hier genau richtig. Nebenbei erfährt man viel Wissenswertes über ihren Anbau. Und bevor man den Heimweg antritt, kann man sich noch mit einem Vorrat eindecken (s. S. 67).

... aus dem Khoo Kongsi am Abend

Im Rahmen der Gratisveranstaltungen an jedem letzten Wochenende im Monat lädt das chinesische Clan-Haus zu einem stimmungsvollen „Evening of Lights“ ein. Die Gebäude sind bunt beleuchtet und traditionelle chinesische Musik ertönt. Eine wahrhaft magische Atmosphäre (s. S. 32)!

008pn-ho

Penang

Endlich sind wir wieder da: auf Penang! Der Tourismusverband der Insel hat „My Penang – unforgettable“ als aktuellen Werbeslogan auserkoren. Und das sagt eigentlich schon alles. Penang zieht uns immer wieder magisch an. Hier erlebt man Malaysia im Kleinen. Auf begrenztem Raum kann man sich durch die mannigfaltigen Küchen Malaysias, Asiens und der Welt futtern, man kann Kultur erleben, Historisches (immer wieder neu) entdecken und nicht zuletzt am Sandstrand faulenzen oder im warmen Wasser des Meeres planschen. Hat man genug von Kultur, Geschichte und Strand, genießt man die Natur: ob nun bei ausgedehnten Dschungelwanderungen oder auf ausgebauten Wegen mit beschrifteten Pflanzen im Botanischen Garten. In jedem Fall erlebt man auf diesem kleinen tropischen Eiland faszinierende Momente. Wenn man dann noch auf vorwitzige Affen trifft, seltene Meeresschildkröten beobachten kann oder Echsen, Schlangen und anderen Wildtieren begegnet, dann ist der Aufenthalt eigentlich perfekt.

Die ereignisreichen Tage auf der Insel kann man abends hervorragend bei einem tropischen Cocktail Revue passieren lassen, den man am besten in einem Garten einnimmt – dabei streicht eine leichte Brise durch die Palmwedel und erzeugt, zusammen mit dem Meeresrauschen und den schnarrenden Zikaden, eine ganz eigenwillige Geräuschkulisse.

Der Tourismusverband sagt auch: „It's all in Penang. Experience it!“ Wir wünschen deshalb viel Spaß beim Entdecken!

Die Autoren

Klaudia und **Eberhard Homann** bereisen seit Ende der 1970er-Jahre gemeinsam die Welt. Anfangs nur in Europa unterwegs, kamen sehr rasch Fernreisen hinzu; Malaysia besuchten sie erstmalig 1983. Seitdem hat sie die Region Südostasien „gepackt“, vor allem Malaysia. Die Freizeitpädagogin Klaudia ist vor allem an der kulturellen Vielfalt interessiert, während sich der Biologe Eberhard überall auf die Suche nach exotischen Pflanzen und Tieren begibt und dabei auch die Unterwasserwelt erkundet. Seit 1992 haben sich die Reisen der beiden etwas verändert, denn seitdem ist ihre Tochter mit dabei. Sie lernten Bekanntes ganz neu kennen, denn ein Kind schaut ganz anders hin. Tanah Rebecca Homann ist mittlerweile selbst viel unterwegs, steuert dabei immer wieder die bekannten Ziele an und liefert Aktuelles. So sind auch einige Bilder der angehenden Psychologin in diesem Buch enthalten. Zusammen haben Klaudia und Eberhard Homann schon etliche Bücher bei Reise Know-How veröffentlicht, z. B. den Reiseführer Malaysia mit Singapur und Brunei sowie die CityTrip-Bände Kuala Lumpur, Monaco und Miami.

082pn-ho

Inhalt

1 Unsere Lieblingsorte
2 Liebe Grüße ...
3 Die Autoren
8 Benutzungshinweise

9 Orte und Regionen

10 Penang im Überblick
12 Inselsteckbrief

13 George Town

16 Historisches Zentrum
16 ❶ Queen Victoria Memorial Clock Tower ★★ [S. 144]
17 ❷ Fort Cornwallis ★★★ [S. 144]
18 ❸ Cenotaph (Penang War Memorial) ★ [S. 144]
18 ❹ City Hall ★ [S. 144]
19 ❺ Town Hall ★ [S. 144]
19 ❻ Supreme Court Building ★ [S. 144]
19 ❼ Penang State Museum ★★★ [S. 144]
20 ❽ Church of the Assumption ★★★ [S. 144]
21 ❾ Eastern & Oriental Hotel ★★★ [S. 144]
22 Stadtspaziergang durch das historische George Town
25 ❿ Protestant Cemetery ★★ [S. 144]
26 ⓫ Cheong Fatt Tze Mansion (The Blue Mansion) ★★★ [S. 144]
28 ⓬ St. George's Church ★ [S. 144]
28 ⓭ Kuan Yin Temple ★★ [S. 144]
28 ⓮ Sri Maha Mariamman Temple ★★ [S. 144]
29 ⓯ Han Jiang Ancestral Temple ★★ [S. 144]
29 ⓰ Masjid Kapitan Keling ★★ [S. 144]
30 ⓱ Sun Yat Sen Museum Penang ★★★ [S. 144]
31 Clans und Kongsis – Heimat und Hilfe für Neuankömmlinge
32 ⓲ Yap Kongsi ★★ [S. 144]
32 ⓳ Khoo Kongsi ★★★ [S. 144]
33 ⓴ Masjid Melayu Lebuh Acheh (Acheen Street Mosque) ★★ [S. 144]
33 ㉑ Clan Jetties ★★★ [S. 144]

Wunderschöne, oft bunt bemalte Arkaden schmücken das historische Viertel George Towns (009pn-fo©markhall70)

35 ㉒ Nagore Durgha Sheriff ★★ [S. 144]
35 ㉓ Penang Peranakan Mansion ★★★ [S. 144]
36 ㉔ India House ★ [S. 144]

36 Außerhalb des Zentrums
36 ㉕ Komtar Tower ★ [S. 144]
36 Die Peranakan oder Baba-Nyonya auf Penang
37 ㉖ Dhammikarama Burmese Buddhist Temple ★★★ [F3]
38 ㉗ Wat Chaiya Mangkalaram ★★★ [F3]
39 ㉘ Penang Botanic Gardens ★★★ [E3]
40 Tropische Baumvielfalt in den Penang Botanic Gardens
41 ㉙ Penang Hill (Bukit Bendera) ★★★ [E4]
44 ㉚ Kek Lok Si Temple ★★★ [E5]

55 Der Norden
55 Tanjung Bungah
56 ㉛ Floating Mosque (Masjid Terapung) ★★ [E2]
56 ㉜ Batu Ferringhi ★★★ [D2]
57 ㉝ Night Market (Pasar Malam) ★★ [D2]
60 ㉞ Tropical Spice Garden ★★ [C2]
60 Teluk Bahang
60 ㉟ Craft Batik (Penang Batik Factory) ★★ [C2]
61 Batik – farbenfrohe Mitbringsel
62 ㊱ Toy Museum Heritage Garden ★ [C2]
62 ㊲ Kletterpark Escape ★★ [C3]
62 ㊳ Entopia (Penang Butterfly Farm) ★★★ [C3]
63 ㊴ Taman Rimba Teluk Bahang ★ [C3]
63 ㊵ Stausee am Teluk Bahang Dam ★ [C3]
63 ㊶ Taman Negara Pulau Pinang (Penang National Park) ★★★ [B3]
67 ㊷ Tropical Fruit Farm ★★★ [C4]
67 ㊸ Air Terjun Titi Kerawang ★ [C4]

68 Der Süden und Südosten
68 ㊹ Balik Pulau ★★ [C6]
69 ㊺ Wet Market und Pasar Tani ★★★ [D6]
69 ㊻ Church in the Holy Name of Jesus ★★ [C6]
70 ㊼ Xuan Wu Temple ★★ [C6]
70 ㊽ Penang War Museum ★★ [E9]
71 ㊾ Penang Aquarium ★★ [E9]
71 ㊿ Snake Temple (Chor Soo Kong Temple) ★★★ [E8]

73 Penang aktiv

74 Baden
75 Wassersport
75 Wandern
80 Weitere Aktivitäten

81 Penang erleben

82 Feste und Folklore
86 Penang kulinarisch
87 Die Fruchtpalette Malaysias – zu Besuch auf dem Markt
96 Was wo kaufen?
99 Natur erleben
104 Von den Anfängen bis zur Gegenwart
105 Der Begründer von George Town: Captain Francis Light

107 Praktische Reisetipps

108 An- und Rückreise
111 Ausrüstung und Kleidung
111 Autofahren
113 Barrierefreies Reisen
114 Diplomatische Vertretungen
114 Ein- und Ausreisebestimmungen
115 Elektrizität
115 Film und Foto
115 Geldfragen
117 Penang preiswert
117 Gesundheitsvorsorge
118 Hygiene
119 Informationsquellen
120 Unsere Literaturtipps
120 Internet
121 Maße und Gewichte
121 Medizinische Versorgung
122 Mit Kindern unterwegs
123 Notfälle
124 Öffnungszeiten
124 Post
124 Schwule und Lesben
125 Sicherheit
126 Sprache
126 Manglish
127 Telefonieren
127 Touren
127 Uhrzeit
128 Unterkunft
129 Verhaltenstipps
129 Verkehrsmittel
131 Versicherungen
132 Wetter und Reisezeit

133 Anhang

134 Kleine Sprachhilfe Malaiisch
138 Register
142 Schreiben Sie uns
142 Impressum
143 Penang mit PC, Smartphone & Co.
143 Zeichenerklärung
144 Zentrumskarte George Town

Zeichenerklärung

★★★ nicht verpassen
★★ besonders sehenswert
★ wichtig für speziell interessierte Besucher

[A1] Planquadrat im Kartenmaterial. Orte ohne diese Angabe liegen außerhalb unserer Karten. Ihre Lage kann aber wie von allen Ortsmarken mithilfe der begleitenden Web-App angezeigt werden (s. S. 143).

Benutzungshinweise

Orientierungssystem

Die in den folgenden Kapiteln beschriebenen Attraktionen sind mit einer **fortlaufenden magentafarbenen Nummer** gekennzeichnet, die sich als Ortsmarke im Faltplan wiederfindet. Steht die Nummer im Fließtext, verweist sie auf die Beschreibung dieser Attraktion.

Die Angabe in **eckigen Klammern** verweist auf das Planquadrat im Faltplan oder auf den Ortsplan. Beispiel:
30 **Kek Lok Si Temple** ★★★ [E5]

Alle weiteren Points of Interest wie Unterkünfte, Restaurants oder Cafés sind mit einer Nummer in **spitzen Klammern** versehen. Anhand dieser eindeutigen Nummer können die Orte in unserer speziell aufbereiteten Web-App unter www.reise-know-how.de/inseltrip/penang16 lokalisiert werden (s. S. 143). Beispiel:
› **Yang Yang Dim Sum Restaurant** $ <029>

Beginnen die Points of Interest mit einem **farbigen Quadrat,** so sind sie zusätzlich in den Ortsplänen eingezeichnet:
■ **Sweet Cili Hotel** $$$ <017>

Vorwahlen

› **Malaysia:** 0060
› **Penang:** 04

Im Buch sind sämtliche Telefonnummern immer **mit der Orts- bzw. der Mobilvorwahl** angegeben, aber **ohne die Ländervorwahl.**

Bedeutung geografischer Begriffe

› *Bukit* (malaiisch: Hügel)
› *Jalan* (malaiisch: Straße im Sinne von Hauptstraße), abgekürzt Jl./J.
› *Lebuh/Leboh* (malaiisch: Straße im Sinne von Nebenstraße)
› *Lorong* (malaiisch: Gasse)
› *Lot* (englisch: Grundstück, Parzelle)
› *Masjid* (malaiisch: Moschee)
› *Menara* (malaiisch: Turm)
› *Mukim* (malaiisch: Bezirk), abgekürzt Mk.
› *Pantai* (malaiisch: Strand)
› *Pulau* (malaiisch: Insel)
› *Taman* (malaiiisch: Park)
› *Teluk* (malaiisch: Bucht)

Preiskategorien

Unterkünfte

Die Preise gelten jeweils für ein Doppelzimmer mit Frühstück.

$	bis RM 100 (ca. 20 €)
$$	RM 100–180 (ca. 20–40 €)
$$$	RM 180–280 (ca. 40–65 €)
$$$$	RM 280–380 (ca. 65–85 €)
$$$$$	über RM 380 (ca. 85 €)

Restaurants

Die Preise gelten jeweils für ein Hauptgericht ohne Getränke.

$	bis RM 10 (ca. 2 €)
$$	RM 10–25 (ca. 2–5,50 €)
$$$	RM 25–40 (ca. 5,50–10 €)
$$$$	über RM 40 (ca. 10 €)

ORTE UND REGIONEN

010pn-ho

Penang im Überblick

Penang oder **Pulau Pinang** (wörtlich: „Insel Penang"), wie sie auf Malaiisch genannt wird, ist ein tropisches Eiland nordwestlich der malaiischen Halbinsel. Es ist Teil des **gleichnamigen Bundesstaates,** der neben der Insel mit einer Fläche von ca. 293 Quadratkilometern noch ein Stück Festland auf der Halbinsel umfasst, sodass der Bundesstaat insgesamt gut 1000 Quadratkilometer groß ist.

Dieses Buch widmet sich ausschließlich der Insel Penang, zumal der Festlandteil des Bundesstaates fast keinerlei touristische Bedeutung hat. Penang hingegen ist eine **Urlaubsinsel par excellence.** Insgesamt zieht es jährlich **mehr als eine Million Touristen** hierher, davon fast 800.000 internationale Gäste – damit muss die Insel den Vergleich zu anderen Urlaubsdestinationen nicht scheuen. Die **Strände** Penangs, allen voran der in Batu Ferringhi 32, und das **herrlich warme Wasser der Andamanensee** laden ganzjährig zum Baden ein. Schon lange verfügt das Eiland über ein erstklassiges Angebot an Strandhotels, Bars, Restaurants und Shoppingmöglichkeiten.

Dabei ist Pulau Pinang viel mehr als eine Badeinsel für den perfekten Strandurlaub oder ein Einkaufsparadies. Penang bietet nämlich einen einzigartigen Einblick in die **Vielfalt der Ethnien und Kulturen** und die **wechselvolle Geschichte** des Landes. Manche bezeichnen das Eiland deshalb als **„Miniaturausgabe Malaysias"**.

Vorseite: Street-Art im Herzen von George Town, hier „Old Motorcycle" von Ernest Zacharevic (s. S. 29)

Zahlreiche **historische Bauwerke** von der Kolonialzeit bis ins beginnende 20. Jh. schmücken die engen Gassen und Straßen der **Hauptstadt George Town,** die einen unvergleichlichen Charme ausstrahlt. Hier gibt es das größte Ensemble an gut erhaltenen Vorkriegsbauten in der ganzen Region. Um dieses auch in Zukunft zu schützen, wurde George Town 2008 zusammen mit der Stadt Malakka zum **UNESCO-Weltkulturerbe** ernannt.

Erreichten die ersten europäischen Entdecker die Insel auf der Suche nach exotischen Gewürzen wie Muskatnuss, Pfeffer und Gewürznelken noch mit dem Schiff, so kommen die meisten Besucher heute mit dem **Flugzeug** oder auf dem **Landweg** mit Autos, Expressbussen oder Zügen (Details s. Anreise auf S. 108). Schließlich ist Penang heute durch **zwei große, kilometerlange Brücken** mit dem Festland verbunden. Der eine oder andere gelangt aber vielleicht immer noch auf dem **Seeweg** nach Penang, entweder mit einer Expressfähre von der Insel Langkawi oder mit dem Kreuzfahrtschiff aus Singapur, Port Klang (bei Kuala Lumpur) oder dem thailändischen Phuket.

Klassisches Urlaubsfeeling kommt vor allem in **Batu Ferringhi** an der **Nordküste** der Insel auf. Hier herrscht zwar viel Trubel, dennoch findet man ruhige Ecken, wenngleich die **Unterkunftssituation** für den schmaleren Geldbeutel eher schwierig ist. Preiswerter, dafür allerdings nicht in Strandnähe, kommt man in George Town unter. Will man es sich einmal richtig gut gehen lassen, ist das **traditionsreiche Eastern & Oriental Hotel** 9 in der Altstadt ideal.

Neben einer breiten Auswahl an Unterkünften und Shoppingmöglich-

keiten verspricht George Town eine unnachahmliche Vielfalt an **gastronomischen Erlebnissen.** Und das Beste: Die lokale Küche (s. S. 86) erfreut nicht nur den Gaumen, sie ist auch noch ausgesprochen preiswert!

Am westlichen Stadtrand von George Town begeistern der herrliche Blick vom **Penang Hill (Bukit Bendera)** 29, auf den eine Standseilbahn hinaufführt, sowie die **Penang Botanic Gardens** 28.

Abseits der Hauptstadt und der Strände im Norden lädt der **Nordwesten** Penangs Naturinteressierte mit großen, geschützten Parks wie dem **Taman Negara Pulau Pinang (Penang National Park)** 41 zum Besuch ein: Hier lässt sich der tropische Regenwald des Eilands hautnah erleben. Nicht weit entfernt faszinieren der sehenswerte **Schmetterlingspark** von **Entopia** 38 und die **Tropical Fruit Farm** 42.

Im **Süden** findet der Besucher **gemütliche, kleine Dörfer** wie Balik Pulau 44. Hier, bei **Bayan Lepas,** erstreckt sich ferner die **Free Industrial Zone,** in der sich sehr viele, auch internationale Unternehmen angesiedelt haben – vor allem wegen steuerlicher Erleichterungen. Außerdem lockt der viel besuchte **Snake Temple (Chor Soo Kong Temple)** 50, in dem Dutzende giftige Lanzenottern frei umherkriechen.

Penang präsentiert sich außerdem als **Eldorado für Kunstliebhaber.** Kunst und Kunsthandwerk begegnen einem zum Beispiel in Form von **Street-Art** (s. S. 29) in den Gassen von George Town, als **Batik** (s. S. 61) in der Fertigung von **Craft Batik (Penang Batik Factory)** 35 oder in Form von **Schmuck** (s. S. 96) bei den Händlern in der Hauptstadt. Auch wenn einige der lokalen Waren vielleicht nicht ganz alltagstauglich sind, sind sie stets ein Hingucker.

Das **Publikum** auf der Insel ist ein buntes Gemisch aus nahezu aller Herren Länder. Gleichwohl sind die Ethnien Malaysias und ihre Traditionen stets präsent. Die religiösen Bauten der Stadt sind häufig Ausgangspunkt **farbenfroher Festivals** (s. S. 82). Geprägt durch die verschiedenen Bevölkerungsgruppen der Insel, locken das ganze Jahr über kulturelle Highlights.

Wächterstatuen vor dem Wat Chaiya Mangkalaram Temple 27

011pn-ho

Inselsteckbrief

- ***Größe:*** *ca. 293 Quadratkilometer*
- ***Einwohner und Ethnien:*** *ca. 1,7 Mio. Menschen (2013), die sich zu 94,2 % aus Staatsbürgern Malaysias (42,9 % Chinesen, 41,1 % Bumiputra, 9,8 % Inder) sowie zu etwa 5,8 % aus Ausländern (sogenannten Expats) zusammensetzen*
- ***Religion:*** *Staatsreligion ist der Islam, dem auf Penang etwa 44,6 % angehören. 35,6 % sind Buddhisten, 8,7 % Hinduisten, 5,1 % Christen und ca. 4,6 % Anhänger anderer Religionen (z. B. Taoismus) sowie etwa 1,4 % ohne Religionszugehörigkeit. Die Muslime sind mehrheitlich ethnische Malaien, die Buddhisten meist ethnische Chinesen, die Hindus vorwiegend ethnische Inder.*
- ***Geografie:*** *Im Nordosten gibt es weite Ebenen, die im Südosten zum Anbau von Reis genutzt werden und zum Meer hin in Mangroven übergehen. Im Nordwesten findet man vornehmlich Sandstrände, während der Südwesten durch Fruchtplantagen, Fischerdörfer und Mangroven gekennzeichnet ist. Im Inneren der Insel erhebt sich der Penang Hill (Bukit Bendera) 29, der die Insel mit ca. 830 Metern Höhe überragt.*
- ***Wirtschaft und Tourismus:*** *Penang besitzt einen großen Hafen, eine Freihandelszone in Bayan Lepas und eine seit Langem existierende und nach wie vor expandierende Industrie, vor allem im Bereich der IT-Technologie. Zudem hat der Anbau von Früchten für lokale Märkte einen nicht unerheblichen Stellenwert. Der bedeutendste Wirtschaftfaktor ist aber der Tourismus. 2014 zählte Penang 1,2 Mio. Besucher, von denen etwa 450.000 aus Malaysia selbst stammten, während die übrigen knapp 720.000 zu 41 % aus Indonesien, zu etwa 20 % aus Singapur, zu 15 % aus Europa und zu 24 % aus der übrigen Welt kamen. Berücksichtigt wurde hierbei allerdings nur die Ankunft am internationalen Flughafen. Addiert man die Touristen, die über Land einreisen, ist die Zahl deutlich höher. Touristen kommen nicht nur zum klassischen Urlaub hierher, auch der Medizintourismus spielt eine zunehmend wichtige Rolle.*

Wie die Insel erkunden?

Die **Altstadt von George Town** lässt sich ideal **per pedes** erkunden, denn alle Attraktionen sind fußläufig erreichbar (s. Stadtspaziergang auf S. 22). Will man andere Gebiete auf der Insel entdecken, kann man die lokalen **Busse** (s. S. 129) des gut ausgebauten Liniennetzes nutzen oder günstig mit dem **Taxi** (s. S. 130) fahren. Ein Taxi lässt sich auch stundenweise mieten. Wer es flexibler und individueller mag, kann die Insel mit einem **Mietwagen** (s. S. 113) erkunden; etliche Mietwagenagenturen bieten Fahrzeuge an, die man auch andernorts in Malaysia zurückgeben kann. Sportliche nutzen das **Fahrrad** (s. S. 80) zur Inselerkundung; in George Town gibt es viele Fahrradverleihe.

Der Uhrenturm 1 wurde zu Ehren von Queen Victoria erbaut

George Town

Die Hauptstadt der Insel ist seit Jahrhunderten Anziehungspunkt für Entdecker und Wagemutige, Romantiker und historisch Interessierte. Daran hat sich bis heute wenig geändert. Hier kann man auf den Spuren der Kolonialmächte wandeln, im Sonnenuntergang einen Cocktail genießen, verschiedenste Kulturen mit ihren vielfältigen Bauwerken, kulinarischen Einflüssen und nicht zuletzt ihren quirligen Festen und Feiern erleben – und so in die Lebenswelt Malaysias im Kleinen eintauchen.

Vielen asiatischen Metropolen eilt der Ruf voraus, laut und hektisch, überfüllt und eng zu sein. Wer mit solchen Erwartungen einen Besuch in Penangs Hauptstadt George Town antritt, der wird allerdings angenehm überrascht sein.

Hier scheint vielerorts die Zeit stehengeblieben zu sein. Zwar überragt der **Komtar Tower** 25 weithin sichtbar die Stadt, aber man kann den runden Turm eben nur deshalb von so vielen Punkten aus sehen, weil er nahezu das einzige hohe Gebäude in George Town ist. Natürlich gibt es an der Küste südlich und westlich des historischen Zentrums einige moderne Hochhäuser, aber weite Teile der Innenstadt sind **flach** und **kleinteilig** und mit **ausreichend Platz** zwischen den größtenteils noch **historischen Häusern** bebaut. Hier gibt es keine der in asiatischen Großstädten so berüchtigten Häuserschluchten.

Im Stadtgebiet lebt nach dem letzten offiziellen Zensus von 2010 gut eine halbe Million Menschen. Damit verbunden gibt es **viel Verkehr,** jedoch bei Weitem nicht so extrem wie in anderen Städten, etwa in der Hauptstadt Kuala Lumpur.

KURZ & KNAPP

Bumiputra

„Söhne der Erde“ bedeutet das malaiische Wort übersetzt und steht für die überwiegende Mehrheit der Menschen, welche die Halbinsel Malaya vor den Kolonialisten und ihren Arbeitskräften aus China und Indien besiedelten. Die Bumiputra bzw. Bumiputera umfassen neben den **muslimischen Malaien** auch die **Orang Asli** (die Waldnomaden West-Malaysias) und die **indigene Bevölkerung Sarawaks und Sabahs.**

Aufgrund der ungleichen Verteilung von Besitztümern und Macht und infolge von ethnischen Unruhen zwischen Malaien und Chinesen wurde in den 1970er-Jahren die **New Economic Policy (NEP)** eingeführt, die Bumiputra viele Privilegien garantiert. Es gibt u. a. Quoten für Unternehmen und Universitäten und Bumiputra werden beim Haus- oder Autokauf bevorzugt. Die NEP gilt bis heute und wird nach wie vor kontrovers diskutiert.

012pn-ho

In George Town gibt es einiges zu entdecken, angefangen mit der Vielzahl an **historischen Sehenswürdigkeiten** über **Moscheen, Tempel und Kirchen** (s. Stadtspaziergang auf S. 22) bis zu einer einmaligen Vielfalt an **kulinarischen Genüssen**, die ihresgleichen sucht. Für den Besuch der Stadt sollte man **mehrere Tage** einplanen, denn das etwa 1,7 km breite und etwa 1,5 km lange Innenstadtgebiet lässt sich zwar an einem Tag „abgehen", doch echte Eindrücke gewinnt man erst, wenn man sich etwas mehr Zeit gönnt.

Schon lange lebten hier an der Küste vereinzelt malaiische Fischer, doch 1786 änderte sich alles. Am 11. August erreichte **Francis Light** (s. S. 105) mit seinen Schiffen die Insel und soll erstmals an der Stelle an Land gegangen sein, an der sich heute der Swettenham bzw. Kedah Pier befindet. Er hisste die britische Fahne und nahm die Gegend damit für die **British East India Company** in Besitz. Er ließ aus Holzpalisaden eine erste Befestigung errichten, die 1804 zum **Fort Cornwallis** 2 ausgebaut wurde.

Rund um das Fort entwickelte sich schnell ein **geschäftiger Handelsposten**, der zu Ehren von **König George III.** (1738–1820) den Namen George Town erhielt. Händler aus verschiedenen Gegenden Asiens und Europas brachten ihre Kultur ebenso hierher wie die Arbeiter, die zum Verladen der Schiffslasten sowie zum Kultivieren und Ernten der Feld- und Waldfrüchte benötigt wurden.

Sie alle bewohnen nach wie vor ihre eigenen Viertel, sodass man hier bis heute ein **Little India**, ein **Chinatown** und eher **malaiisch geprägte Straßenzüge** findet. Hinzu kommt der sogenannte **Colonial District**, der früher vor allem durch europäisch-westlichen Einfluss geprägt war. Allerdings verwischen sich in George Town die Grenzen, denn man findet mitten in Chinatown eine Moschee und in Little India chinesische Tempel.

Kontrastreiches George Town: buddhistischer Tempel der Clan Jetties 21 vor modernen Hochhäusern

Der begehrte Handelsposten war rasch gewachsen, wurde zwar während des Zweiten Weltkriegs von japanischen Truppen besetzt und dann von den Alliierten bombardiert, doch hielten sich die Zerstörungen noch in Grenzen. In den 1980er-Jahren war die Insel eine **Anlaufstelle für Globetrotter** auf dem Weg zwischen Bangkok, Bali und Australien. George Town avancierte schnell zu einer Drehscheibe für den **Drogenschmuggel** und erlangte traurige Berühmtheit, als der Deutsche Frank Förster und viele andere junge Leute hier verhaftet und von der Todesstrafe bedroht wurden.

Am **Strandort Batu Ferringhi** 32 entwickelte sich ein lebhaftes Tourismuszentrum, das einen **Tourismusboom** und die Ansiedlung internationaler Hotels mit sich brachte. Diese Entwicklung und das **wirtschaftliche Wachstum** vor allem im IT-Sektor ließen in den ausgehenden 1990er-Jahren Begehrlichkeiten entstehen, die auch George Town erfassten. Grundbesitz ist hier so kostbar wie anderswo – warum also nicht das Alte, vom Verfall Bedrohte abreißen und die Stadt neu, modern und zukunftsweisend wieder aufbauen?

Dass dies alles nicht so kam, ist das Verdienst des **Penang Heritage Trust**, jenes Vereins, der sich den **Erhalt des historischen Erbes** zum Ziel gesetzt hat. Federführend waren die indischstämmige Teresa Capol und die chinesischstämmige Koh Salma, zwei Frauen, die echten Weitblick bewiesen. Während Letztere schon vor Jahrzehnten begonnen hatte, die historischen Bauten von George Town zu fotografieren, entwickelte die andere aufschlussreiche Stadtführungen für Touristen. Auf diese Weise konnten Reisende die bedeutsamen Plätze

EXTRAINFO

Die Last mit den Straßennamen

Die **Orientierung vor Ort** ist erschwert durch die Tatsache, dass viele Straßen neben dem **malaiischen** häufig noch einen **englischen Straßennamen** besitzen – meist handelt es sich sogar um **direkte Übersetzungen.** Oft findet man beide Straßennamen auf einem Schild, manchmal aber auch nicht. In einigen Fällen haben die Straßen zusätzlich noch umgangssprachliche Bezeichnungen oder sie weisen Ähnlichkeiten mit den Namen von Seitenstraßen auf.

So ist die **Lebuh Gereja** (auch in der Schreibweise Leboh Gereja) auch als Church Street bekannt, die **Lebuh Pantai** als Beach Street, die **Lebuh Pasar** als Market Street, die **Jalan Tun Syed Sheh Barakbah** als The Esplanade und die **Jalan Masjid Kapitan Keling** als Pitt Street. Die **Jalan Penang** (auch Jalan Pinang) heißt ebenfalls Penang Road, obwohl es auch noch eine **Lebuh Pinang** gibt, die wiederum als Penang Street bekannt ist. Und die **Lebuh Chulia** heißt auch Chulia Street. Aber Achtung, man darf sie nicht mit der Lorong Chulia verwechseln! In diesem Buch verwenden wir aus Gründen der Einheitlichkeit **nur die malaiischen Straßennamen.**

014pn-ho

und Gebäude, aber auch die unbedeutenden, manchmal nicht minder interessanten Orte und Geschichten der Stadt erfahren. Zudem generierten diese Führungen Geld für den Heritage Trust. Schon nach kurzer Zeit war klar, dass die Touristen nicht nur wegen der Strände auf die Insel kommen, sondern sich sehr für die geschichtlichen Zusammenhänge interessieren. Und diese Geschichte galt es zu bewahren.

Seit 2008 zählt George Town zum **Weltkulturerbe der UNESCO**. Seitdem besuchen immer mehr Urlauber die Insel – viele kommen aus anderen Ländern Asiens und wollen hier die ursprüngliche Kultur erleben, die vielerorts bereits durch Bauboom und sozialen Wandel verloren gegangen scheint. Wer es sich leisten kann, residiert im historischen Flügel des **Eastern & Oriental Hotel** 9, das bereits 1885 gegründet wurde.

Seit 2012 entdeckt man an vielen **Hauswänden** der Hafenmetropole **Street-Art** (s. S. 29), die sich ganz unaufdringlich ins Stadtbild einfügt. Die Werke setzen sich fantasievoll mit dem einmaligen Charakter von George Town auseinander.

Historisches Zentrum

1 Queen Victoria Memorial Clock Tower ★★ [S. 144]

Im Jahr 1897 feierte **Königin Victoria** (1819–1901) ihr diamantenes Thronjubiläum, also 60 Jahre Regentschaft über das britische Empire. Ihr zu Ehren ließ der sehr vermögende Geschäftsmann **Cheah Chen Eok** auf dem Pesara King Edward (umgangsprachlich als King Edward Place bezeichnet) den **Uhrenturm** errichten, der allerdings erst 1902 fertiggestellt wurde, also ein Jahr nach dem Tod der Königin. Die **Höhe** von 60 Fuß (umgerechnet ca. 18 Meter) symbolisiert die 60-jährige Regentschaft von Victoria. Von unten führen **Stufen** zum Haupteingang des achteckigen Sockels, über dem zwei quadratische Stockwerke mit Fenstern, Balkonen und einer Uhr zu jeder Seite stehen. Darüber befindet sich eine maurische Kuppel, die auf romanischen Säulen ruht. Angeblich hat der Turm eine **leichte Neigung**, die von dem intensiven Bombardement während des Krieges herrühren soll.

› CAT und Bus Nr. 10, 11, 101, 103, 302
› Lebuh Pantai/Ecke Lebuh Light

015pn-ho

2 Fort Cornwallis ★★★ [S. 144]

Majestätisch und drohend blicken die Kanonen durch die Schießscharten der mächtigen Wehrmauer aufs Meer hinaus. Im Inneren erfährt man anhand zahlreicher Ausstellungsstücke Details über die Geschichte der Insel. Obendrein kann man am Zugang zum Fort der Statue von Francis Light ins Antlitz blicken.

Benannt wurde das Bauwerk nach **Charles Cornwallis** (1738–1895), dem Generalgouverneur von Ostindien, der der Welt aber besser bekannt ist als Befehlshaber der unterlegenen britischen Truppen im Amerikanischen Unabhängigkeitskrieg.

Die ersten Bauten des Forts stammen aus der Zeit kurz nach 1786, als **Francis Light** (s. S. 105) die Insel für die Briten in Besitz nahm. Er ließ zunächst eine Umfriedung aus Palmstämmen errichten, die nur etwa 50 Quadratmeter Raum umfassten. Diese „Schutzmauer" sollte die Hafeneinfahrt gegen Piraten schützen. 1794 verstarb Light; vier Jahre später wurde auf dem Boden des provisorischen Forts noch eine Kapelle errichtet. 1804, mit Beginn der Napoleonischen Kriege, ließ **Robert Townsend Farquhar**, der damalige Vizegouverneur Penangs, das heutige Fort in seiner charakteristischen **Sternform** von indischen Arbeitern bauen. Bis 1810 dauerte es, die massiven Steinmauern zu errichten, die von einem neun Meter breiten und zwei Meter tiefen **Wassergraben** geschützt wurden.

Auf den Mauern stehen noch einige alte **Bronzekanonen**, die auf das Meer gerichtet sind, doch tatsächlich war das Fort selbst nie in Kampfhandlungen verstrickt. So wurde es eher zu einem **Verwaltungssitz**, in dem schon 1808, also noch vor der vollständigen Fertigstellung, das oberste Gericht der Insel unter Sir Edmond Stanley seinen Sitz bekam.

Nur eine einzige Kanone wurde tatsächlich eingesetzt, die sogenannte **Seri Rambai**, die schon 1603 von Holländern gegossen und 1606 als Geschenk an den Sultan von Johor übergeben wurde. 1613 wurde sie von den Portugiesen erobert und nach Java verschifft. Hier bleib sie, bis sie 1795 an den Herrscher von Aceh übergeben wurde, der sie nach Kuala Selangor brachte. In Auseinandersetzungen mit britischen Truppen gelangte die Kanone schließlich in die Hände der Briten und 1871 nach Penang. 1920 wurde das Fort Sitz der **Sikh-Polizei**, im gleichen Jahr wurde der Wassergraben aus Furcht vor einer größeren Mücken- und damit Malariaplage zugeschüttet. Am 8. September 1977 wurde das Fort dann zum **nationalen Kulturerbe** erklärt.

Im Inneren der Anlage ragt weithin sichtbar eine Art Schiffsmast auf: Der **Leuchtturm** wurde schon 1882 als 21 Meter hoher Mast aus Stahl errichtet, um die Hafeneinfahrt zu signalisieren.

Aus der Zeit der British East India Company sowie der militärischen und polizeilichen Vergangenheit stammt die umfangreiche **Ausstellung** mit Bildern, Flaggen, Waffen und zahlreiche Kanonen. Auch Gefangenenzellen und Lagerräume lassen sich besichtigen, darunter das ehemalige **Pulverlager.**

› CAT und Bus Nr. 10, 103, 204, 502
› Lebuh Light/Ecke Jl. Tun Syed Sheikh Barakbah, Tel. 04 2620202, geöffnet: tgl. 9–18.30 Uhr, Eintritt: Erw. RM 20, Kinder RM 10

Wehrhaft, aber nie abgefeuert: die Kanonen des Fort Cornwallis

016pn-ho

③ Cenotaph (Penang War Memorial) ★ [S. 144]

1929 wurde der **massive Gedenkstein** ursprünglich zu Ehren der Gefallenen des Ersten Weltkriegs für seinerzeit 12.000 Straits-Dollars errichtet. Bei den schweren Bombardements durch die Alliierten wurde der Cenotaph 1945 zerstört, konnte aber 1948 wieder aufgebaut werden. Um den Erhalt des Steins kümmert sich die **Penang Veterans Association**, die damit mittlerweile auch der Opfer anderer Katastrophen gedenkt: der Gefallenen des Zweiten Weltkriegs, der Toten der „Todeseisenbahn" zwischen Burma und Thailand (bekannt durch den Film „Die Brücke am Kwai"), der Opfer der kriegerischen Auseinandersetzungen mit den Kommunisten (1948–1960 und 1968–1989) und der Toten aus der Konfrontasi-Krise mit Indonesien (1963–1966).

› CAT und Bus Nr. 10, 103, 204, 502
› Waterfront, am Ende der Jl. Padang Kota Lama

④ City Hall ★ [S. 144]

Das **Rathaus** mit den vielen Säulen wurde 1903 als **Sitz des Stadtrats** erbaut. Schon 1904 zog die gesamte Verwaltung in das Gebäude ein; bis heute fungiert es als Hauptsitz der Verwaltung der Insel Penang (Majlis Bandaraya Pulau Pinang). 1960 wurde das Gebäude umfassend renoviert, man beließ es aber im Außenbereich im typischen **Kolonialstil** der Jahrhundertwende. Das strahlend weiße neobarocke Gebäude kann **nur von außen besichtigt** werden.

› CAT und Bus Nr. 10, 103, 204, 502
› Jl. Padang Kota Lama

⌃ Prachtvoll restauriert erstrahlt die City Hall an der Esplanade

› Ende des 19. Jh. noch eine Schule, beherbergt dieses Gebäude heute das Penang State Museum

5 Town Hall ★ [S. 144]

Die gelb-weiß gestrichene und im **viktorianischen Stil** erbaute **Stadthalle** wurde als öffentliches Gebäude für die Bürger von George Town konzipiert. So konnten die Bewohner das Bauwerk oder einzelne Säle ab 1880 für soziale Veranstaltungen, Theateraufführungen, private Feiern oder größere Hochzeiten nutzen. Ab 1903 zogen dann aber verschiedene Verwaltungen ein, was eine Nutzungsänderung nach sich zog. Nach dem Krieg diente die Town Hall kurz als privates College, bevor sie 2005 komplett renoviert wurde. Man bemühte sich auch hier, den Originalzustand zumindest der Fassade zu erhalten, sodass wieder ein repräsentatives Gebäude für allerlei **öffentliche Veranstaltungen** entstehen konnte. Eine **Besichtigung** ist **nur von außen** möglich.

› CAT und Bus Nr. 10, 103, 204, 502
› Jl. Padang Kota Lama

6 Supreme Court Building ★ [S. 144]

Bereits seit 1809 hat das **Oberste Gericht** von Penang hier seinen Sitz. Das heutige Gebäude stammt aus dem Jahr 1903 und zeigt die typische **prachtvolle Kolonialarchitektur** im klassizistischen Stil mit Säulen, Bogenfenstern und zahlreichen Schnörkeln. Der Gerichtshof lässt sich **nicht von innen** besichtigen.

› CAT und Bus Nr. 10, 103, 204, 502
› zwischen Lebuh Light und Lebuh Farquhar

7 Penang State Museum ★★★ [S. 144]

Zweifelsohne gehört das Museum zu den besten Ausstellungshäusern in Malaysia. Es macht den Besucher in einer beeindruckenden Ausstellung mit dem Leben der verschiedenen Ethnien auf Penang vertraut.

Ursprünglich gab es auf Penang ein Museum im Gebäude der St. Xavier's Institution, das aber im Verlauf des Zweiten Weltkriegs zerstört wurde. Ab 1956 wollte man ein neues Museum aufbauen. Der damalige Resident Commissioner (Ständige Beauftragte) Robert Porter Bingham begann damit, erste Stücke für die spätere Sammlung zusammenzutragen. 1962 stellte man den Antrag zur Einrichtung eines staatlichen Museums an die Bundesregierung. Tunku Abdul Rahman, der erste Premierminister Malaysias, wählte die **Hutchings**

017pn-ho

School, auch bekannt als **Penang Free School**, als Standort aus. Die Entscheidung kam nicht von ungefähr, schließlich war die wohl älteste Schule des Landes Ausbildungsort für viele, die später wichtige Regierungsämter bekleideten, unter ihnen auch Tunku Abdul Rahman.

Am 14. April 1965 konnte das Museum dann offiziell eröffnet werden. Gleichzeitig wurde eine **Kunstgalerie** ins Leben gerufen, die heute in einem anderen Gebäude jenseits der Lebuh Light ansässig ist.

Im Museum sind unterschiedlichste **Exponate** zu sehen: Neben alten Schriften und Malerei, darunter u. a. einige Werke von Captain Robert Smith von der British East India Company, handelt es sich vor allem um Ausstellungsstücke, die das Leben der verschiedenen Bevölkerungsgruppen der Insel, vor allem der **Baba-Nyonya**, auch bekannt als **Peranakan** (s. S. 36), veranschaulichen. Dazu zählen etwa eine Vielzahl von Haushaltsgegenständen, rekonstruierte Wohnräume und historische Fotos. Bei einem Besuch des Museums kann man so in die multikulturelle und multiethnische „Seele" Penangs eintauchen. Ein Kuriosum ist die **Büste des deutschen Kaisers Wilhelm II.**, die lange Jahre in einer lokalen Grundschule stand – unbekannt ist bis heute, wer sie dort aufstellte.

Vor dem **Eingang** steht eine große **Statue von Francis Light** (s. S. 105).

› CAT und Bus Nr. 103, 204, 502

› **Penang State Museum**, Lebuh Farquhar, Tel. 04 2261461, www.penangmuseum.gov.my, geöffnet: tgl. außer Fr 9–17 Uhr, Eintritt: RM 1

■ **Penang State Art Gallery** <001> Dewan Sri Pinang, EG, Lebuh Light, Website, Tel. u. Öffnungszeiten s. State Museum, Eintritt frei

8 Church of the Assumption ★★★ [S. 144]

Das wunderschön renovierte Gotteshaus präsentiert dem Besucher auf eindrucksvolle Weise seine bewegte Geschichte.

Francis Light (s. S. 105), der Penang am 11. August 1786 für die Krone annektierte, nahm die Feier von Mariä Himmelfahrt am 15. August zum Anlass, eine Kirche errichten zu lassen und ihr den Namen **Himmelfahrtskirche** zu geben. So wurde sie zur ersten römisch-katholischen Kirche im nördlichen Malaysia.

Mit dem Bevölkerungszuwachs auf der Insel wurde bald eine größere Kirche notwendig. 1860 begann man, das heutige Gotteshaus zu bauen, das 1861 fertiggestellt wurde. Beeindruckend sind die **zwei Glockentürme** und der riesige **Altar**. Die Orgel stammt aus dem Jahr 1916.

Als die **Japaner** im Dezember 1941 Penang besetzten, wurde die Kirche praktisch geschlossen. Hohe Messen bildeten eine Ausnahme. Angeblich soll sogar ein japanischer Soldat die Glockenseile mit seinem Schwert zerschlagen haben, weil ihm das Geläut zu laut war. Erst mit der Kapitulation der japanischen Truppen wurden die Gottesdienste wieder aufgenommen.

Im Marienjahr 1954 wurde eine Statue der Madonna von Fatima in einer langen Prozession durch George Towns Straßen getragen und im Reliquienschrein vor dem Portal aufgebaut, um den Erzbischof in der Hauptstadt Kuala Lumpur dazu zu bewegen, Penang zur **eigenständigen Diözese** zu erklären. Am 25. Februar erhielt die Insel diesen Status. Zugleich wurde die Kirche zur **Kathedrale** erhoben; hier wurden u. a. Francis Chan und Dominic Vendargon zu Bischöfen von Penang bzw. KL geweiht.

In den 1970er-Jahren leben nur noch etwa 1500 Katholiken auf der Insel, sodass man beschloss, die vier bestehenden Pfarreien zu einer zusammenzulegen. Die Kathedrale wurde immer seltener genutzt. Seit 2001 dachte man darüber nach, dem Gotteshaus den Kathedralen-Status zu entziehen und ihn stattdessen einer anderen Kirche zu verleihen – dazu kam es 2003, als die Church of the Holy Spirit zur Kathedrale und damit zum Bischofssitz ernannt wurde. Doch schon wenige Jahre später kam zumindest weltlicher Ruhm zurück zur Himmelfahrtskirche, denn das über 160 Jahre alte Gebäude wurde von der UNESCO zum **Weltkulturerbe** ernannt.

2011 wurden im Rahmen der Feierlichkeiten zum 225. Geburtstag des Gotteshauses umfangreiche **Renovierungen** vorgenommen, u. a. auch an der Orgel. Vor allem durch Spenden ließen sich diese Maßnahmen finanzieren und 2013 zum Abschluss bringen. Heute ist die Kirche nach wie vor Pfarrkirche mit derzeit zwei Priestern und wird von der Gemeinde rege genutzt. Die Orgel wird regelmäßig bei den Messen am Samstagabend sowie zu hohen christlichen Feiertagen wie Ostern und Weihnachten gespielt.

› CAT und Bus Nr. 103, 204, 502
› Lorong Love/Ecke Lebuh Farquhar, Tel. 04 2610088, geöffnet: Mo–Fr 10.30–17 Uhr, englischsprachiger Gottesdienst Sa 18.30 und So 10 Uhr

018pn-ho

Die Church of the Assumption gehört zum UNESCO-Weltkulturerbe

9 Eastern & Oriental Hotel ★★★ [S. 144]

Koloniales Flair wird an kaum einem Ort so spürbar wie hier. Livrierte Concierges und Butler, altehrwürdiger Charme in ebensolchen Gemäuern und eine Gartenanlage am Meer, die zum Lustwandeln einlädt – das E&O ist ein echtes Highlight für Penang-Besucher.

Um die Mitte des 19. Jh. kamen zunehmend Geschäftsleute, Reisende sowie Abenteurer nach Penang und als 1869 der **Sueskanal** fertiggestellt wurde, erhöhte sich die Zahl der Besucher drastisch. Sie alle brauchten Unterkünfte. Die armenischen Brüder **Martin und Tigran Sarkie** erkannten dies und eröffneten 1884 das Eastern Hotel. Es wurde schnell zu einem wirtschaftlichen Erfolg, sodass sie sich bereits 1885 entschlossen, ein

Stadtspaziergang durch das historische George Town

*Dieser Spaziergang ist mit einer **farbigen Linie** im Stadtplan von George Town (s. S. 144) eingezeichnet.*

*Früher kamen alle Besucher Penangs am Fährhafen des **Pengkalan Weld (Weld Quay)** an – hier beginnen wir unsere Stadterkundung, die **mindestens vier Stunden** in Anspruch nimmt, wenn man zügig unterwegs ist und intensivere Besichtigungen auf einen anderen Tag verschiebt.*

*Zunächst überquert man den Pengkalan Weld diagonal in südwestliche Richtung; am Fährhafen gibt es eine Fußgängerbrücke, ansonsten huscht man durch den Verkehr. So erreicht man die Verlängerung der **Lebuh Chulia,** der man nach Westen folgt.*

*Es geht vorbei am **Yeoh Kongsi,** dem Clan-Haus (s. S. 31) der Yeoh Familie von 1836 (Ecke Lebuh Victoria). Nur wenige Schritte weiter findet man an der **Kreuzung mit der Lebuh Pantai** die **Central Fire Station** von 1909. Bis 1964 war hier das Hauptquartier der Feuerwehr Penangs untergebracht. An der Kreuzung biegt man rechts ab und folgt der Lebuh Pantai nach Norden.*

*An der **Lebuh Gereja** besteht die Option, nach links abzubiegen und dem **Penang Peranakan Mansion** ㉓ einen Besuch abstatten. Danach sollte man aber wieder zur Lebuh Pantai zurückkehren. Nur einen Katzensprung entfernt befindet sich im Gebäudekomplex von The Whiteaways Arcade die **Touristeninformation** (Penang Global Tourism, s. S. 119).*

*Schon von hier aus erkennt man den Turm auf der nächsten Kreuzung: den 18 m hohen **Queen Victoria Memorial Clock Tower** ❶. Von hier sind es nur noch wenige Schritte bis zum **Fort Cornwallis** ❷. Folgt man der **Straße am Ufer,** geht man an der nördlichen Festungsmauer entlang, bis man zum **Padang** gelangt, jener offenen Grasfläche, die sich zwischen Fort und **City Hall** ❹/**Town Hall** ❺ erstreckt. Unmittelbar an der Promenade steht der **Cenotaph** ❸, das Kriegsmahnmal.*

*In einem Bogen gelangt man zurück zur Lebuh Light, an deren Ecke sich das **Logan Memorial** befindet. Hier biegt man rechts ab und erreicht, vorbei am Light Convent, die **Lebuh Farquhar.** Linker Hand stehen das Penang State Museum ❼ und die Church of the Assumption ❽.*

*Wir folgen der Lebuh Farquhar nach Westen bis zum altehrwürdigen **Eastern & Oriental Hotel** ❾, dessen **Heritage Wing** zumindest einen kurzen Blick wert ist. Als nächstes geht es links in die **Jalan Penang.** Eine Straßenecke weiter entdeckt man auf der rechten Straßenseite das hellgrün gestrichene **Segara Ninda,** das ehemalige Wohn- und Geschäftshaus des Tengku Baharudin Tengku Meh, der einer der größten Exporteure Penangs war. Dahinter erstreckt sich der **Protestant Cemetery** ❿, auf dem viele bedeutende Persönlichkeiten beigesetzt wurden. Wenige Schritte entfernt steht die **St. Francis Xavier Church,** die 1857 für Tamil sprechende Katholiken gegründet wurde. Wer eine **kleine Stärkung** braucht, kann bei **Sup Hameed** (s. S. 49) einkehren.*

*Wenig später erreicht man links die Einmündung der **Jalan Muntri,** an der nächsten Kreuzung biegt man links in die **Lebuh Leith** ab, an der das **Cheong Fatt Tze Mansion (The Blue***

Mansion) **11** *steht. Zurück zur Jalan Muntri gehend, lohnt der Blick auf die* ***Bengali Mosque*** *von 1958. Man folgt der Jalan Muntri nach Osten, passiert den* ***Tempel der Hainan Association*** *(dem Versammlungshaus von Clanmitgliedern aus der Provinz Hainan), gefolgt vom* ***Gebäude der Shao Lin Association,*** *die sich dem chinesischen Kampfsport widmet, und dem* ***Ta Kam Hong Building,*** *der Vereinigung der Goldschmiede.*

An der ***Lorong Love*** *biegt man rechts ab und erreicht kurz darauf die* ***Lebuh Chulia,*** *in die man links einbiegt. Tagsüber treffen sich hier viele Geschäftsleute zur Mittagspause, ansonsten gibt es reichlich Backpackerunterkünfte,* ***Garküchen*** *(Lebuh Chulia Hawker Stalls, s. S. 51) und Restaurants sowie eine Vielzahl von* ***Geschäften,*** *die vom Tourismus leben.*

An der ***Jalan Masjid Kapitan Keling*** *biegt man wieder links ab und flaniert auf der linken Straßenseite entlang. Einen Häuserblock entfernt befindet sich der* ***Boon San Tong Khoo Kongsi*** *(1878). Einige Meter weiter steht der* ***Kuan Yin Temple*** **13***, gefolgt von der* ***St. George's Church*** **12***.*

Hier wechselt man die Straßenseite und geht den Weg zurück. Zwischen der Einmündung der Lebuh China und der Lebuh Pasar gibt es zahlreiche ***Goldschmiede.*** *Kurz vor der Kreuzung mit der Lebuh Chulia erreicht man den großartigen* ***Sri Maha Mariamman Temple*** **14***. Fast direkt an der Einmündung findet man den* ***Han Jiang Ancestral Temple*** **15***.*

Nach einem kurzen Seitenblick auf das Gebäude folgen wir der ***Jalan Masjid Kapitan Keling,*** *die später zur* ***Lebuh Cannon*** *wird. Zunächst kommt man zum* ***Mausoleum*** *der Noordin-Familie, in dem der indische Händler Mohamed Merican Noordin 1870 bestattet wurde. Kurz danach folgt rechter Hand die Moschee* ***Masjid Kapitan Keling*** **16***.*

Einige Meter weiter nach Süden steht rechts der ***Yap Temple*** *mit dem* ***Yap Kongsi*** **18***. Gegenüber lockt der* ***Hock Tek Cheng Sin Temple,*** *einst Sitz einer chinesischen Geheimorganisation, die von 1850 bis zu ihrer Zerschlagung 1890 hier ihre finsteren Ränke schmiedete. Am Ende der Lebuh Cannon erreicht man die Moschee* ***Masjid Melayu Lebuh Acheh*** **20***.*

Anschließend kann man noch den ***Khoo Kongsi*** **19** *besichtigen, der allerdings hinter der ersten Häuserzeile verborgen ist. Man erreicht ihn durch einen kleinen Eingang an der Lebuh Cannon oder durch ein* ***unscheinbares Tor*** *an der* ***Lebuh Armenian,*** *der wir im Anschluss nach Osten folgen.*

An der ***Lebuh Pantai*** *biegt man links ab; es geht zurück nach Norden, vorbei am* ***Cheah Kongsi*** *von 1810 bis zur nächsten Querstraße* ***Lebuh Ah Quee,*** *in die wir links einbiegen. Hier steht ein weiteres Clan-Haus, der* ***Lim Kongsi*** *von 1863. Über die Lorong Pitt (rechts abbiegend) gelangt man zurück zur Lebuh Chulia. Genau gegenüber steht der* ***Nagore Durgha Sheriff*** **22***, das Heiligtum der südindischen Moslems. Hier gibt es etliche Lokale und abends einzelne* ***Straßenhändler,*** *bei denen man Getränke und Leckereien erstehen kann.*

Nun wendet man sich nach rechts und kommt über die Lebuh Chulia und deren Verlängerung zurück zum ***Pengkalan Weld.*** *Nach Süden reihen sich die* ***Clan Jetties*** **21** *aneinander. Hier endet unser Spaziergang durch das historische George Town.*

zweites Hotel unmittelbar am Wasser zu eröffnen: das Oriental. Die beiden Unterkünfte mit ihren zusammen 80 Zimmern stellten sogleich die größte Hotelanlage auf der Insel dar.

1891 reiste ein dritter Bruder, **Arshak Sarkie,** nach Penang. Er erkannte die Zeichen der Zeit und ließ einen großen **Ballsaal** einrichten, der 1903 eröffnet wurde. Außerdem wurden die beiden bislang separaten Hotels zum Eastern & Oriental Hotel verbunden. Sie entwickelten sich so zum **Zentrum des gesellschaftlichen Lebens** auf Penang. Und nicht nur dort: Selbst in weit entfernten Gegenden Südostasiens, etwa in Malakka, Singapur und Bangkok, waren die Feste, zu denen der jährlich stattfindende St. George's Day Ball gehörte, hinlänglich bekannt.

Nachdem 1922 weitere 40 Zimmer im neuen Victory Annexe hinzugekommen waren, galt das Hotel mit seinen über 100 Zimmern als **beste Adresse östlich des Sueskanals** („The Premier Hotel East of Suez"), denn schließlich verfügten 40 der Zimmer über eigene Bäder mit Warmwasser sowie Telefon. Zudem erstreckte sich der Hotelgarten über mehr als 256 Meter am Meer entlang – das war weltweit einmalig.

Seine Berühmtheit verdankt es aber auch seinen **renommierten Gästen:** Unter anderem residierten hier so illustre Persönlichkeiten wie Rudyard Kipling, William Somerset Maugham, Douglas Fairbanks, Mary Pickford, Noël Coward, Karl May und Hermann Hesse. Deren **Fotos** (und viele weitere) sind noch heute in Vitrinen am Seitenausgang der Lobby im Heritage Wing ausgestellt.

Leider blieb das E & O nicht von der **Weltwirtschaftskrise** verschont. Zusammen mit einem gewissen Missmanagement durch Arshak Sarkie führte dies zum Niedergang des Hauses. 1931 starb Sarkie. Das Hotel wechselte in der Folgezeit mehrfach den Besitzer, stets gelang es aber, den Charakter des Hauses zu erhalten, zumindest im Hinblick auf die Bausubstanz. 2001 konnte das Hotel unter dem Management der ma-

019pn-ho

laysischen Eastern & Oriental Berhad Group neu eröffnet werden und erstrahlt seitdem in altem Glanz.

Die **Lobby des Heritage Wings** ist ein echtes **Schmuckstück;** hier findet man den sogenannten **Echo-Dom:** Man nehme auf einem der Sofas Platz und lausche dem Hall der Schritte unter der großen Kuppel. Selbstverständlich können auch **Nicht-Hotelgäste** die Lobby und den Garten besuchen oder entlang der Promenade am Ufer flanieren.

Auch der Besuch des kolonial inspirierten Coffeeshops **Sarkies Corner** (s. S. 50) in der Lobby, vielleicht auf einen Kaffee und Gebäck, sowie ein Blick in die rustikale, typisch britische **Farquhar's Bar** (s. S. 54) sind lohnenswert. Sarkies Corner ist nicht zu verwechseln mit dem Buffetrestaurant **Sarkies** (s. S. 50), das ebenfalls ausgesprochen empfehlenswert ist. Im **Bombay Shop** (s. S. 53) gibt es erlesene Souvenirs.

Eine herrliche Sicht auf den Sonnenuntergang verspricht die **Poolside Terrace** in der sechsten Etage des **Victory Annexe;** hier kann man wunderbar einen Drink einnehmen. Auf dem Weg dorthin sollte man der **Ausstellung in der Lobby (E & O Gallery)** einen Besuch abstatten, denn hier hat man eine wundervolle Sammlung kostbarer Drucke, Bilder, Vasen etc. zusammengetragen, die die Geschichte Penangs verdeutlichen.

Linker Hand gelangt man durch den Seiteneingang in den **Garten.** Immer noch erstreckt sich die Promenade über mehrere Hundert Meter am Meer entlang, ein kleiner Pool befindet sich rechts, Palmen und viele andere Bäume säumen die Rasenflächen und sorgen für Schatten, darunter ein **Java-Olivenbaum** (*Sterculia foetida* oder *Kelupang*), der bereits vor 1885 gepflanzt wurde.

› CAT und Bus Nr. 103
› 10 Lebuh Farquhar, Tel. 04 2222000, www.eohotels.com

⑩ Protestant Cemetery ★★ [S. 144]

Im Urlaub einen Friedhof zu betreten, erscheint manchen vielleicht auf den ersten Blick ein wenig „schräg", aber unter den alten, knorrigen Frangipani-Bäumen kann man wunderbar der Geschichte Penangs auf den Grund gehen.

Der alte **Protestantische Friedhof** wurde bereits 1786 angelegt. Als erste Person soll hier 1787 der Artillerist Lieutenant William Murrey beerdigt worden sein, allerdings fehlt die Grabplatte. In den Folgejahren fanden hier Personen verschiedener Nationalitäten und Ethnien ihre letzte Ruhe, zu den berühmtesten Grabstätten gehört die von **Sir Francis Light** (s. S. 105) von 1794. 1892 wurde der Friedhof zum letzten Mal genutzt. Danach verfiel er zusehends.

1994 übernahm der **Penang Heritage Trust** die Pflege des Friedhofes sowie des **angrenzenden Katholischen Friedhofes,** auf dem etwa 200 Menschen beigesetzt wurden, darunter viele Nonnen des Konvents und andere Geistliche.

Seit 2012 stehen die beiden Friedhöfe unter **Denkmalschutz.** Im Zuge der **Restaurierungsarbeiten** gelang es nicht immer, alle umgestürzten Grabsteine den zugehörigen Gräbern zuzuordnen. Wo dies nicht möglich war, hat man die Steine an der südlichen Umfassungsmauer aufgestellt.

Über 400 Gräber findet man auf dem Protestant Cemetery, darunter auch das von Francis Light (s. S. 105)

Bei einem **Spaziergang** inmitten der Grabsteine begegnet man einer Vielzahl von **menschlichen Schicksalen:** Auffällig ist etwa die große Zahl von Männern und Frauen, die bereits mit 20 oder 30 Jahren verstarben. Betrachtet man dann noch die Menge der Kindergräber, so lässt sich zumindest erahnen, wie schwer das Leben auf Penang einst war. Zugleich bekommt man ein Gefühl für die Lenker der Geschicke und Geschichte der Insel, z. B. am Grab von **Sir Francis Light** (s. S. 105), dem Begründer von George Town.

Interessant ist zudem das Grab des Hotelbesitzers **Thomas Leonowens,** der hier 1859 beigesetzt wurde, nachdem er an einem Schlaganfall gestorben war. Seinen Namen kennt kaum jemand; ungleich berühmter ist hingegen seine Frau **Anna,** die mit ihm und ihren zwei Kindern zwei Jahre zuvor aus Singapur hierher gekommen war. Sie kehrte nach seinem Tod nach Singapur zurück und baute eine private Schule für Offizierskinder auf, die so bekannt wurde, dass König Mongkut von Siam sie 1862 einlud, ihn und seine Kinder zu unterrichten. Diese Geschichte wurde u. a. als **Musical** sowie in verschiedenen **Filmen** (zuletzt 1999 in „Anna und der König" mit Jodie Foster) bekannt.

So ist man in dieser Oase der Ruhe stets unterwegs auf historischen Pfaden, allerdings auch oft gejagt von zahllosen **Moskitos,** die sich im feuchten Gras so richtig wohlfühlen. Möchte man intensiver in die Geschichte(n) eintauchen, kann man sich an jedem letzten Wochenende im Monat einer der **Gratis-Touren** (s. S. 127) anschließen.

› CAT und Bus Nr. 10, 101, 103, 104, 201

› Jl. Sultan Ahmad Shah

11 Cheong Fatt Tze Mansion (The Blue Mansion) ★★★ [S. 144]

Erbaut in strahlendem Blau und Symbol des Traums vom sozialen Aufstieg: Dieses prunkvolle Anwesen erzählt die überaus spannende Erfolgsgeschichte eines chinesischen Einwanderers.

Das Haus ist nach seinem Besitzer **Cheong Fatt Tze** benannt. Dieser wurde 1840 in der Provinz Guandong in Südchina geboren. Er war der Sohn einer armen Hakka-Familie und musste schon früh als Viehhirte seinen Beitrag zum Unterhalt der Familie leisten. Als 1856 der Bürgerkrieg in China ausbrach und zudem bis 1860 der Opiumkrieg mit England tobte, entschlossen sich viele Chinesen, das Land zu verlassen, so auch Cheong Fatt Tze. Er ging nach Südostasien und begann seine „Karriere" als Wasserträger in Jakarta. Er war fleißig, fand Arbeit in einem Laden, wurde dort Geschäftsführer und heiratete. Mithilfe seines Schwiegervaters baute er ein florierendes **Handelsunternehmen für Tee, Kaffee und Kautschuk** auf. Schon 1877 konnte er bis in die Stadt Medan auf der Insel Sumatra expandieren und so seinen Reichtum mehren. 1886 ließ er sich mit seinem Unternehmen auch auf Penang nieder. Ein genialer Schachzug, denn nun hatte er eine Niederlassung dort, wo seine Waren in alle Welt gehandelt wurden.

Sein Erfolg war so beeindruckend, dass er 1890 eine politische Karriere als chinesischer Konsul in Singapur startete. Neben vielen wirtschaftspolitischen Themen widmete er sich auch der Bildung und errichtete 1904 die erste chinesische Schule auf Penang. Nach seinem Tod 1916 in Indonesien wurde sein Leichnam über Penang, Singapur und Hongkong zur

020pn-ho

Beisetzung nach China gebracht. Sein immenser Reichtum und seine Karriere gaben ihm den ehrenvollen **Beinamen „Rockefeller des Ostens“.**

Wegen seines weitverzweigten Imperiums besaß Cheong Fatt Tze überall in Südostasien Häuser, doch Penang galt als sein Hauptwohnort. Böse Zungen behaupten, er habe neben seinen Häusern auch überall **Ehefrauen** besessen, belegt sind aber nur acht, wobei nicht ganz klar ist, ob er nacheinander oder parallel mit ihnen verheiratet war. In Penang zog er insgesamt sechs Söhne groß und hatte hier wohl mindestes zwei Ehefrauen. Eine solch große Familie braucht Platz und den schuf er mit diesem Anwesen. So entstand ab 1897 ein in Indigoblau gefärbter Traum von einem Haus mit 38 Zimmern, fünf mit Granitböden belegten Innenhöfen, sieben Treppenhäusern und 220 verglasten Holzfenstern. Das Haus konnte erst sieben Jahre nach Baubeginn bezogen werden.

Heute lässt sich das nach **Feng-Shui-Prinzipien** errichtete Gebäude im Rahmen von **Führungen** bewundern oder man kann im in dem Haus eingerichteten erlesenen **Hotel** wohnen. Es wurde sogar als **Drehort für Filme** genutzt: für das Drama „Indochine“ mit Catherine Deneuve von 1992, das 2007 gedrehte chinesische Historiendrama „Road to Dawn“ und den Krimi „The Blue Mansion“ aus Singapur von 2009.

› CAT und Bus Nr. 104, 204, 502

› 14 Lebuh Leith, Tel. 04 2620006, www.cheongfatttzemansion.com, nur im Rahmen von Führungen zu besichtigen: tgl. 11, 14 und 15.30 Uhr, Eintritt: Erw. RM 17, Kinder RM 8,50, Achtung: **Fotografieren im Inneren verboten!**

Macht seinem englischen Beinamen „The Blue Mansion“ alle Ehre: das Cheong Fatt Tze Mansion

12 St. George's Church ★ [S. 144]

Bereits 1810 gab es Pläne zum Bau der ersten anglikanischen Kirche in George Town. 1818 wurde das Bauwerk fertiggestellt und am 11. Mai des Folgejahres vom Bischof von Kalkutta gesegnet. Somit ist die St. George's Church nun fast 200 Jahre alt und damit die **älteste anglikanische Kirche Südostasiens.** Das neoklassizistische Bauwerk mit dorischen Säulen erhielt 1886 einen Anbau zu Ehren von Sir Francis Light (s. S. 105) und wurde 2007 in die Liste der **National Treasures of Malaysia** aufgenommen.

› CAT
› Lebuh Farquhar/Ecke Jl. Masjid Kapitan Keling, Tel. 04 2612739, geöffnet: Mo–Do 10–16 Uhr

13 Kuan Yin Temple ★★ [S. 144]

Dieser taoistisch-buddhistische Tempel wurde 1728 erbaut (andere Quellen datieren den Bau auf 1800 oder sogar 1830) und ist der **Göttin der Barmherzigkeit** (Kuan Yin, auch Guanyin) gewidmet – deshalb ist er auch unter dem Namen **Goddess of Mercy Temple** bekannt. Ein weiterer Name ist **Kong Hock Keong Temple.** Obwohl er rein architektonisch nicht herausragend ist, spielt der Tempel trotzdem eine zentrale Rolle im Leben der chinesischen Gemeinschaft, denn schließlich wurde er von den ersten Einwanderern aus den Provinzen Fujian und Kanton erbaut. Im Inneren des Gotteshauses brennen zum Teil meterhohe **Räucherstäbchen**, die es beständig in Rauch hüllen. Neben Kuan Yin wird hier auch **Maitreya** (dem kommenden Buddha), **Tua Pek Kong** (dem Gott des Wohlstands) sowie **Kuan Ti** (dem Gott des Krieges) gehuldigt, um nur einige zu nennen.

Wichtig ist zudem das Gedenken an die **Ahnen:** Um ihnen ein gutes Leben im Jenseits zu ermöglichen, verbrennen die Gläubigen in den **Öfen** auf dem Vorplatz große Mengen an **Papiergeld** – im Buddhismus dient es als Opfergabe und durch den Akt des Verbrennens stellt man sicher, dass es dem Verstorbenen im nächsten Leben zur Verfügung steht. Neben Papiergeld gehen zum Beispiel auch papierne Smartphones oder Kreditkarten in Rauch auf.

› CAT
› 30 Jl. Masjid Kapitan Keling, geöffnet: tgl. 7–19 Uhr

14 Sri Maha Mariamman Temple ★★ [S. 144]

Die Geschichte des **ältesten hinduistischen Tempels Penangs** begann 1790 als kleiner Schrein am Rande des heutigen Little-India-Viertels. 1833 wurde er für die wachsende indische Gemeinschaft in George Town zum Tempel umgebaut. Das Bauwerk im typisch **südindischen Stil** wird von einem reich mit Götterfiguren geschmückten, rund sieben Meter hohen **Gopuram** gekrönt. So bezeichnet man das Eingangstor zum Tempel, das als Symbol des Götterbergs Meru fungiert.

Geweiht ist der Tempel der **Göttin Mariamman**, der wichtigsten südindischen Muttergottheit. Meist wird sie als sehr schöne, mehrarmige Frau dargestellt, wobei ihre Arme ihre vielseitigen Fähigkeiten symbolisieren. So erhoffte man sich von ihr die Heilung von den Pocken ebenso wie Fruchtbarkeit und Gesundheit für noch ungeborene Kinder.

Im Sri Maha Mariamman Temple starten jedes Jahr die **Prozessionen** anlässlich des **Thaipusam-Festes** (s. S. 83).

› CAT und Bus Nr. 10, 11, 101, 201-204, 206, 301-303, 306, 401, 502
› Jl. Masjid Kapitan Keling, fast auf Höhe der Lebuh Chulia, geöffnet: tgl. 6.30-12 u. 16.30-19 Uhr

15 Han Jiang Ancestral Temple ★★ [S. 144]

1870 zunächst als **Clan-Haus** (s. S. 31) von der Penang Teochew Association erbaut, wurde das Gebäude schon bald als Tempel genutzt. **Teochew** bezeichnet den Dialekt und die Kultur der Einwanderer aus der Provinz Guandong, die diese mit nach Penang brachten.

2005 wurde der Tempel umfassend **renoviert**; dabei gestalteten chinesische Künstler u. a. farbenprächtige Fresken und Türen. Besonderes Augenmerk legte man auf die Darstellung der Situation der bedeutenden chinesischen Einwanderungsgruppen, die sich in Penang niederließen.

› CAT
› 127 Lebuh Chulia, geöffnet: tgl. 9-17 Uhr

16 Masjid Kapitan Keling ★★ [S. 144]

Die **Moschee** wurde 1801 für die muslimischen Einwanderer aus Indien erbaut, die als Arbeiter der British East India Company hierher kamen. Gestiftet wurde sie von dem **indisch-muslimischen Kaufmann Cauder Mohideen** (auch Mohudeen). Damit erklärt sich auch der **malaiische Name** des Gotteshauses, denn Einwanderer indischen Ursprungs werden auf Malaiisch *keling* genannt und ein *kapitan* bezeichnet einen bedeutenden Repräsentanten der jeweiligen Bevölkerungsschicht.

Das cremefarbene Bauwerk mit rotem Dach und dunklen Kuppeln im Mogul-Stil besitzt ein **freistehendes Minarett.**

EXTRATIPP

George Town Street-Art

2012 etablierte der litauische Künstlers **Ernest Zacharevic,** der mittlerweile auf Penang lebt, im Rahmen des George Town Festivals (s. S. 84) das **Projekt „Mirrors“** in der historischen Altstadt von George Town. Auf die Wände gemalte Alltagsszenen wurden geschickt mit „echten“ Gebrauchsgegenständen wie Fahrrädern, Mopeds oder Stühlen kombiniert. Die Bilder aus und über Penang stellen einen gelungenen Mix aus Tradition und Moderne dar.

An über 20 verschiedenen Orten in der Stadt findet man diese kreative Form der Street-Art. Neben drei Kunstwerken an der **Jalan Green Hall** und einem an der **Jalan Penang** sind die meisten zwischen den Straßen **Lebuh Cannon, Lebuh Armenian, Lebuh Pantai und Pengkalan Weld** zu finden (s. Karte auf S. 144). Mit diesen Werken hat das Projekt begonnen, beendet ist es jedoch noch lange nicht, denn stetig entstehen an anderen Stellen der Stadt neue Kunstwerke.

Bei **Penang Global Tourism** (s. S. 119) erhält man die Broschüre „Marking George Town“ mit einem Stadtplan, in dem sämtliche Street-Art-Kunstwerke verzeichnet sind; man kann sie zudem **online** herunterladen.

› www.tourismpenang.net.my/pdf/street-art-brochure.pdf

021pn-ho

Grundsätzlich dürfen Nichtmuslime die Moschee besichtigen, allerdings nur in **angemessener Kleidung.** Wer zu freizügig gekleidet ist, kann am Eingang einen **Umhang ausleihen.**

- CAT und Bus Nr. 301, 302, 303, 401
- Jl. Masjid Kapitan Keling/Ecke Jl. Buckingham, geöffnet: Sa–Do 13–17, Fr 15–17 Uhr

17 Sun Yat Sen Museum Penang ★★★ [S. 144]

Nicht nur historisch Interessierte erfahren hier Spannendes über Penangs bewegte Geschichte. Das Gebäude allein ist schon ein echtes architektonisches Schmuckstück.

In den Jahren 1911–12 fand in China die **Xinhai-Revolution** statt, bei der die Ching-Dynastie gestürzt wurde und China als erstes Land Asiens zu einer Republik wurde. Der Führer des Aufstandes war **Dr. Sun Yat Sen** (1866–1925), der 1910 mit seiner Familie für einige Monate in George Town lebte. Er wohnte zwar nicht in diesem Haus, nutzte das Haus aber als Versammlungsort für seine Getreuen. Hier wurde der Aufstand in Kanton geplant, der zwar ohne Erfolg verlief, aber zu einem Meilenstein und Wendepunkt der später erfolgreichen Revolution wurde.

Das wunderschön restaurierte Gebäude repräsentiert den Stil der für Penang so typischen **Shophouse-Architektur,** bestehend aus in einer Reihe angeordneten zweistöckigen Wohn- und Geschäftshäusern, die zumeist von chinesischen Händlerfamilien bewohnt wurden. Davor gibt es stets einen **überdachten Fußweg,** der Passanten Schutz vor Sonne oder Regen bietet. Diese Wege werden wegen ihrer Breite auch als **„five foot way“** bzw. **„kaki lima“** (malaiisch) bezeichnet.

Neben der sehenswerten Architektur und der **im Original erhaltenen Einrichtung** (darunter das Mobiliar, Holzverkleidungen und ein Ofen) sind im Museum zahlreiche **Exponate** zu Sun Yat Sens Leben und Wirken ausgestellt. Beeindruckend ist außerdem der **begrünte Innenhof.**

- CAT und Bus Nr. 301, 302, 303, 401
- 120 Lebuh Armenian, Tel. 04 2620123, www.sunyatsenpenang.com, geöffnet: tgl. 9.30–17.30 Uhr, Eintritt: Erw. RM 5, erm. RM 3, Führungen auch auf Englisch

⌃ Weithin sichtbar erhebt sich das Minarett der Masjid Kapitan Keling 16

› Gleich geht es los: Kulturshow im Khoo Kongsi 19 im Rahmen des „Evening of Lights“

Clans und Kongsis – Heimat und Hilfe für Neuankömmlinge

Im 18. und 19. Jh. kamen vor allem chinesische Einwanderer nach Penang. Besonders viele stammten aus der Provinz Fujian, wo man den Dialekt Hokkien spricht. Jeder Neuankömmling stand zunächst vor dem Problem, ein Dach über dem Kopf und eine Arbeit zu finden. Wie überall waren Beziehungen wertvoll und führten zu schnellerem Erfolg. Dies erkannten die Einwanderer sofort und erfanden das System der Clan-Häuser, die auch Kongsis genannt werden. Dabei unterhält jeder chinesische Clan ein eigenes Clan-Haus. Die Neuankömmlinge, selbst wenn sie nur entfernt verwandt oder bekannt waren, konnten sich an das Clan-Haus ihres Clans wenden; sie erhielten dort Obdach und Unterstützung bei der Arbeitssuche bzw. wurden direkt vermittelt. Doch nicht nur das: Die Migranten fanden in ihren Kongsi-Gesellschaften Anschluss an andere Einwanderer, die dasselbe Schicksal teilten. Die Clan-Häuser boten Menschen aus einer Region eine Art Heimat fernab der Heimat; sie ermöglichten Gespräche im regionalen Dialekt und den Erhalt der Traditionen. Die Clans kümmerten sich gewissermaßen um alle Belange der Einwanderer.

So entwickelten sich rasch soziale Netzwerke, die jedoch in den Augen der Briten im Verdacht standen, Geheimgesellschaften zu sein. Die Clans standen untereinander im permanenten Wettstreit um Macht und Einfluss, etwa auf dem Arbeitsmarkt und teilweise auch im Rahmen krimineller Aktivitäten. Um ihre Macht zum Ausdruck zu bringen, wurden die Clan-Häuser prunkvoll gestaltet. Jeder Kongsi war mit einem eigenen kleinen Tempel ausgestattet, der jeweils der Gottheit geweiht war, die dem Clan oder seinen Aktivitäten besonders nahe stand.

Die massive Einwanderung auf die Insel Penang, also an einen Ort mit begrenzter Fläche, sorgte für eine sehr hohe Dichte an Clan-Häusern. Manche sagen sogar, auf Penang finde man die meisten Kongsis außerhalb Chinas. Bekannte Beispiele sind die Kongsis der Clans Yap **18** *und Khoo* **19**.

023pn-ho

⑱ Yap Kongsi ★★ [S. 144]

Ein **Kongsi** ist ein Familientempel bzw. ein Clan-Haus (s. S. 31) – er trägt den Namen des Clans, in diesem Fall also der **Familie Yap.** Deren Geschichte geht auf den Soldaten Shen Zhu Liang zurück, der 439 v. Chr. mit seinen Truppen die gegnerischen Soldaten der Qin-Dynastie bekämpfte und so der Chu-Dynastie zum Sieg verhalf. Zum Dank bekam er eine Prinzessin zur Frau und die Provinz Yap als Lehen, deren Namen er fortan führte.

Leider kann man das grün-weiße Bauwerk, das 1924 im **Art-déco-Stil** erbaut wurde, nicht immer besichtigen, aber zumindest **von außen** lohnt der Blick auf die wundervolle, mit Ornamenten und Stuckelementen verzierte Fassade.

Unmittelbar neben dem Kongsi befindet sich der 1920 erbaute und prächtig verzierte **Yap Temple.**

› CAT
› 71 Lebuh Armenian/Ecke Lebuh Cannon, unregelmäßig geöffnet

⑲ Khoo Kongsi ★★★ [S. 144]

Das älteste und größte Clan-Haus Malaysias beeindruckt durch seine vollständig erhaltene historische Substanz rund um den gepflasterten Innenhof abseits der Straßen. Herrliche Skulpturen und Schnitzereien verzieren die Gebäude, eine besondere Augenweide ist der Tempel im Osten des Hofes.

Dieser Kongsi (s. S. 31), auch bekannt unter seinem langen Namen **Leong San Tong Kho Kongsi,** ist das Clan-Haus der **Familie Khoo.** Dieser Clan kann seine Geschichte über mehr als 25 Generationen zurückverfolgen und hat im Laufe der Zeit einiges an Reichtum angehäuft. Entsprechend **opulent** wurden die Gebäude des Kongsis gestaltet und ausgestattet. Dutzende Figuren verzieren das gesamte Ensemble, viele von ihnen ausschließlich zu dem Zweck, die Götter für Glück und Reichtum anzulocken und gnädig zu stimmen.

Die prunkvolle Ausstattung konnte erstmals bei der Einweihung 1901

024pn-ho

besichtigt werden, allerdings zerstörte schon in der Folgenacht ein Feuer den Glanz – eine Legende behauptet, dies sei die Rache dafür gewesen, dass der Kongsi angeblich mit der Ausstattung des Kaiserpalastes in Peking hatte konkurrieren wollen. Als er 1902 erneut eröffnet wurde, war er schon weniger aufwendig geschmückt. Gleichwohl ist der Wohlstand der Gemeinschaft offenkundig und wird von **Sikh-Wächtern** demonstrativ beschützt. Zu diesen menschlichen Wächtern kommen noch zahlreiche **ornamentale Wächterfiguren** aus Unsterblichen, Drachen und anderen Symbolfiguren.

Am jeweils letzten Wochenende im Monat werden unter dem Stichwort „**Evening of Lights**" vielfältige Veranstaltungen angeboten; der Besuch ist jeweils gratis.

› CAT

› 18 Cannon Square (Medan Cannon), Zugänge an der Lebuh Cannon und an der Lebuh Armenian, Tel. 04 2614609, www.khookongsi.com.my, geöffnet: tgl. 9–17 Uhr, Eintritt: RM 10, Kinder RM 1

20 Masjid Melayu Lebuh Acheh (Acheen Street Mosque) ★★ [S. 144]

Bereits 1792 begann der Herrscher **Tengku Syed Hussain Al-Aidid** aus der Provinz Aceh auf Sumatra damit, eine muslimische Siedlung nahe der heutigen Straße Lebuh Acheh zu errichten. Diese Siedlung wurde schnell zum Treffpunkt **islamischer Händler**, die zwischen dem malaiischen Archipel, Indien und der arabischen Halbinsel pendelten. 1808 wurde dann auf einem Stück Land, das Syed Hussain der Gemeinde geschenkt hatte, die Moschee erbaut, die damit auch die **erste Moschee Penangs** war. Ihre Architektur ist bis heute in dieser Region einzigartig, da sie neben der hier häufig anzutreffenden indisch inspirierten Bauweise auch zahlreiche **Stilelemente aus China** besitzt. Klassisch islamisch sind der Eingangsbogen sowie die kleinen Kuppeln, die Säulen und die Fliesenmosaike auf Böden und Wänden gestaltet. Besonders eindrucksvoll ist das arabisch anmutende **Minarett.**

Neben der Moschee befindet sich der **Friedhof**, auf dem Syed Hussain und seine Familienmitglieder beigesetzt wurden.

Rund um die Moschee entwickelte sich nicht nur eine islamische Gemeinschaft, sondern vielmehr ein **religiöses Zentrum** für Koranstudien. So erwarb sich die Gegend um die Moschee den Ruf eines **zweiten Jeddah**, jenem Ort, an dem sich die Pilger zur Reise (die sogenannte Hadsch) nach Mekka versammeln. Bis 1970 das Lembaga Tabung Haji für genau diese Zwecke in der Hauptstadt Kuala Lumpur erbaut wurde, blieb der Moschee dieser Ruf erhalten.

› CAT

› 77 G Lebuh Acheh, geöffnet: Sa–Do 9–17, Fr 13–17 Uhr (Freitagsgebet beachten, s. S. 129)

21 Clan Jetties ★★★ [S. 144]

Ein Leben auf dem Wasser führen die Bewohner der Jetties („Landungsstege") heute wie damals. Natürlich gibt es mittlerweile eine Strom- und Frischwasserversorgung, dennoch wird das Leben hier nach wie vor vom Meer bestimmt.

Wunderschön bemalt und filigran verziert: der Yap Kongsi, das Clan-Haus der Familie Yap

025pn-ho

Pengkalan Weld oder **Weld Quay**, der nach Sir Frederick Weld, dem Gouverneur des Straits Settlements von 1880 bis 1887, benannt wurde, war einst eine vielgenutzte **Kaianlage** am Hafen von George Town.

Vor der Küste lagen Dutzende von **Handelsschiffen**, die auf das Be- oder Entladen warteten. Problematisch war nur, dass die meisten Schiffe nicht direkt an den Kai fahren konnten, denn das Wasser war nicht immer tief genug. So entluden die chinesischen Arbeiter die Waren zunächst auf **Sampans (Transportboote)**, mit denen sie diese dann an den Kai beförderten. Schon damals war Zeit Geld, sodass schnelles Ent- und Beladen das oberste Gebot war.

Dieses Geschäft teilten sich die **chinesischstämmigen Familien**, die sich als **Clans** (s. S. 31) zusammengeschlossen hatten, untereinander auf. Da man stets bemüht war, schnell neue Ladearbeiten zu übernehmen, lebten die Familien seit dem späten 19. Jh. in ihren **abgesteckten Revieren** unmittelbar am Wasser. Mit zunehmender Größe des Clans kam es aber zu Platzmangel. Deshalb wurden neue **Häuser auf Stelzen** im Wasser errichtet. **Stege** verbanden sie mit dem Land und untereinander. So dehnten sich die Clans immer weiter aufs Meer hinaus aus. Dies bot zugleich den unschätzbaren Vorteil, dass Schiffe in tieferen Gewässern direkt am Steg des Clans anlegen konnten und keine Transportboote mehr benötigt wurden.

Nach wie vor leben die Menschen hier im Einklang mit dem nahen Wasser, selbst **Tempel und Schreine** wurden auf Stelzen errichtet. Heute ragen die Jetties der Familien Ong, Lim, Chew, Tan, Lee und Yeoh wie Finger ins Meer hinaus, manche bis zu 200 m. Die Landungsstege sind – je nach Familie – unterschiedlich groß: von zwei Gebäuden beim Ong-Clan bis zu 75 Gebäuden beim Chew-Clan.

⌃ *Wohnen auf Holzstegen: die Clan Jetties* **21** *ragen ins Meer hinein*

› *Der Nagore Durgha Sheriff ist ein indisch-muslimisches Heiligtum*

Letzterer hat damit den längsten Steg des Ensembles. 1962 kam die **New Jetty** hinzu. Hier siedelten sich alle diejenigen an, die unterschiedliche Familiennamen hatten oder die sich aus den anderen Clans losgesagt hatten.

Zur Besichtigung gehört es auch, sich in einem der hier angesiedelten **Restaurants** mit Familienspezialitäten verwöhnen zu lassen.

› CAT und Bus Nr. 10, 11, 101, 103, 104, 201–204, 206, 301–303, 307, 401, 401E, 502
› Pengkalan Weld, ganztägig zugänglich, Eintritt frei

22 Nagore Durgha Sheriff ★★ [S. 144]

Der Nagore Durgha Sheriff, auch bekannt als **Nagore Shrine**, wurde Ende des 19. Jh. erbaut. Er soll an den **Kalifen Syed Shahul Hamid**, einen **muslimischen Heiligen** des 13. Jh. aus dem südindischen Wallfahrtsort Nagore erinnern. In Nagore hat man ihm einen großen Schrein gewidmet, die indischen Auswanderer bauten diesen in Penang nach.

Der Schrein wird bis heute viel besucht und ist deshalb gut erhalten; seine **weißen Wände** leuchten weithin sichtbar. Gläubige kommen zusammen, um für ihr Schicksal um Gunst zu bitten. So religiös es hier zugeht, in einem Teil des Schreins haben die weltlichen Geschäfte Einzug gehalten, denn in einer Außenwand sind gleich **mehrere Läden** untergebracht. Neben muslimischen Kopfbedeckungen bekommt man hier auch **Schmuck**.

› CAT
› Lebuh King/Ecke Lebuh Chulia, geöffnet: Sa–Do 4.30–19 u. 18.30–21.30, Fr 12–14.30 Uhr (Freitagsgebet beachten, s. S. 129)

23 Penang Peranakan Mansion ★★★ [S. 144]

In dem reich verzierten Gebäude, das selbst schon ein echter Blickfang ist, dreht sich alles um das Leben der Peranakan (s. S. 36) auf der Insel.

Einst lebte in dem prächtigen Haus der als *Kapitan Cina* von Perak bekannte **Chung Keng Kwee** (auch in der Schreibweise Quee, 1821–1901). „**Kapitan Cina**“ lautete früher der offizielle Titel eines Anführers der chinesischstämmigen Gesellschaft einer bestimmten Region. Er wurde ernannt, damit die malaiischen Sultane und die britische Kolonialmacht mit ihm als Vertreter über alle Belange verhandeln konnten, welche die ethnischen Chinesen betrafen.

Die **Architektur** und die **Ausstattung** des Hauses sind einzigartig: Die Wände, Türen und zahlreichen Bögen sind häufig mit Schnitzereien verziert, bemalt oder mit Gold plattiert. Wuchtige Holzmöbel, vielfach mit Intarsien

026pn-ho

aus Perlmutt, und **alte Fotografien** der hier einst wohnenden Menschen verdeutlichen den Wohlstand dieser einflussreichen Kaufmannsfamilie.

- CAT und Bus Nr. 10
- 29 Lebuh Gereja, www.pinangperanakanmansion.com.my, geöffnet: tgl. 9.30–17 Uhr, Eintritt: RM 20, Kinder unter 6 J. Eintritt frei

24 India House ★ [S. 144]

1937 ließ Sockalingam Chettiar dieses prachtvolle Bauwerk im **indischen Art-déco-Stil** erbauen. Statt verspielter Architektur wird das Gebäude aber durch seinen „monumentalen" Eindruck geprägt, der vor allem durch die großen, dunklen Steine, die vorspringenden Säulen und die dahinter versetzt liegenden Fenster erzeugt wird. Ursprünglich waren hier Büros eines Handelsunternehmens untergebracht, von 1951 bis 1970 war das Haus Sitz des USIS (United States Information Service); heute dient es wieder als Bürogebäude, weshalb es **nur von außen zu besichtigen** ist.

- CAT und Bus Nr. 10, 11, 101, 103, 302
- Lebuh Pantai/Ecke Lebuh Gereja

Außerhalb des Zentrums

25 Komtar Tower ★ [S. 144]

Mit seinen 65 Stockwerken und einer Höhe von 232 Metern ist der Komtar Tower das **höchste Bauwerk Penangs.** Über drei Jahre, bis zur Fertigstellung des Menara Maybank in Kuala Lumpur 1988, galt der Turm sogar als höchstes Gebäude Malaysias.

Die Peranakan oder Baba-Nyonya auf Penang

Schon seit dem 16. Jh. kamen immer wieder Siedler aus chinesischen Provinzen auf die malaiische Halbinsel, um sich in Singapur, Malakka oder Penang niederzulassen. Fast immer waren es Männer aus den südlichen Provinzen Fujian und Kanton (auch Guangzhou). Sie suchten und fanden hier Arbeit. Viele gründeten eine Familie mit malaiischen Frauen – so wurde die ethnische Gruppe der Peranakan (malaiisch „Abkömmling") begründet.

Die Peranakan waren stolz auf ihren Status, denn schließlich waren sie die ersten Einwanderer bzw. deren direkte Nachkommen. Um sich von späteren Migranten abzugrenzen, gaben sie sich noch weitere Namen wie z. B. „Straits Chinese" oder „Baba-Nyonya", abgeleitet von den Worten „baba" (Mann) und „nyonya" (Frau). Die Peranakan adaptierten neben den Traditionen der Väter auch die ihrer Mütter und bildeten so eine ganz eigene Gesellschaft. Fast nie übernahmen sie den Islam, also die Religion der Mütter, sondern entweder blieben sie der Religion der Väter treu (Buddhismus, Taoismus) oder sie wurden Christen. Mit ihrem fundierten Wissen über beide Kulturen konnten sie sich perfekt anpassen – so stiegen viele Peranakan zu wohlhabenden Händlern auf. Sie legten viel Wert darauf, ihren Wohlstand nach außen zu zeigen, und zwar mit prunkvoller Kleidung und ebenso großen wie prächtig verzierten Häusern. Daneben haben die Peranakan eine besondere Kochkunst (Nyonya-Küche, s. S. 93) und einen eigenen Dialekt kreiert: das heute vom Aussterben bedrohte Baba Malay.

Am 1. Januar 1974 wurde der erste massive Pfeiler des neuen Gebäudes in den Boden George Towns getrieben. Es wurde nach dem zweite Premierminister Malaysias, **Tun Abdul Razak** (1922–1976, kurz TAR, daher auch der Name des Gebäudes), benannt. Eine erste Bauphase konnte im Dezember 1976 beendet werden. Im Januar 1983 brach im 43. Stockwerk ein Feuer aus, das über acht Stunden nicht gelöscht werden konnte. Glücklicherweise wurde der Turm damals noch nicht vollständig genutzt. Erst 1988 wurde das Gebäude endgültig fertig, obwohl schon zwei Jahre zuvor ein Hotel eröffnet worden war.

Seitdem wurde der Bau immer wieder erweitert, renoviert und verändert. Neue Bauphasen brachten **Shoppingmalls**, den **Pacific Hypermarket** (beides s. S. 52) und ein Restaurant in den markanten Turm. Letzteres heißt bezeichnenderweise **59 Sixty** (s. S. 50). Der **Ausblick** von hier oben über George Town ist einfach traumhaft.

Seit 2015 werden am Gebäude **Renovierungen** vorgenommen; aktuell macht es einen weniger guten Eindruck. Geplant sind neue Geschäfte und eine Aussichtsplattform.

› CAT und fast alle Buslinien (99 % der Busse fahren diese Haltestelle an)

› **Menara Tun Abdul Razak**, Jl. Penang/Jl. Magazine/Jl. Tek Soon, ganztägig geöffnet

027pn-ho

Goldverzierte Buddhastatue im Dhammikarama Burmese Buddhist Temple; die Handhaltung (Mudra) bedeutet „die Angst vertreiben"

26 Dhammikarama Burmese Buddhist Temple ★★★ [F3]

Inmitten einer wunderschönen Gartenanlage stehen die Gebäude und bunten Statuen des burmesisch-buddhistischen Tempels.

Unmittelbar gegenüber vom Wat Chaiya Mangkalaram 27 steht dieser Tempel, der am 1. August 1803 gegründet wurde. Die Anlage wurde bereits 1988 zum **historischen Monument** ernannt und genießt damit besonderen Schutz.

Sehenswert sind der **herrlich begrünte Garten** der Anlage und die zahlreichen **Statuen**, zu denen u. a. der **Panca-Rupa** gehört. Diese Gestalt ist zugleich Wächter und Beschützer der Welt, denn sie vereint mehrere machtvolle Tiere in sich: den Elefanten (symbolisiert durch Rüssel und

Schwanz), das Pferd (behufte Beine und Pferdeohren), den Löwen (Gesicht), den Hirsch (Geweih), den Fisch (geschuppter Körper) und den adlerartigen Garuda (kräftige Schwingen). Beeindruckend ist zudem eine mehrere Meter hohe **vergoldete Buddhastatue** in einer Gebetshalle des Tempels.

- Bus Nr. 10, 101, 103, 104, 304
- 24 Lorong Burma, Tel. 04 2269575, geöffnet: tgl. 5–18 Uhr, Eintritt frei

27 Wat Chaiya Mangkalaram ★★★ [F3]

Mit über 30 Metern Länge lockt im Tempel eine der größten liegenden Buddhastatuen Südostasiens. Hunderte von Gläubigen kommen täglich in den thailändisch-buddhistischen Tempel, um Buddha, dem ersten Mönch des Tempels oder den eigenen Ahnen nahe zu sein.

1845 übergab der damalige Gouverneur des Straits Settlements, **William John Butterworth** (1801–1856), im Namen der britischen Königin Victoria ein großzügiges Geschenk an einige wohlhabende Frauen in George Town: ein Stück Land. Darauf wollten diese einen buddhistischen Tempel errichten. Schon kurz darauf begann man mit der Planung und dem Bau. Die Schenkung war allerdings nicht ganz uneigennützig, sondern sollte vielmehr die Handelsbeziehungen mit dem damaligen **Königreich Siam** (dem heutigen Thailand) fördern.

Über Penang hinaus ist der Tempel für seinen gut 33 Meter langen **liegenden Buddha (Pra Buddha Chaiya Mongkul)** bekannt. Die Statue zeigt Buddha bei seinem Tod, in der Lehre des Buddhismus zugleich der Moment des vollkommenen Friedens mit der Welt (Nirwana). Daneben gibt es zahlreiche weitere Statuen und Bilder Buddhas sowie anderer Heiliger, ferner etliche martialisch aussehende Wächterstatuen vor dem Eingang. Hinter dem liegenden Buddha befinden sich zahllose **Nischen** mit **Urnen von Verstorbenen**, an der gegenüberliegenden Wand zeigen Malereien Stationen aus dem Leben Buddhas.

Täglich kommen Hunderte Gläubige hierher, um zu beten und Opfer darzubringen. Neben verschiedenen Blumen gibt es häufig **Opferschalen mit Laksa**, der klassischen malaysischen Nudelsuppe. Diese soll angeblich das Leibgericht des **ersten Mönchs Phorthan Kuat** gewesen sein, dessen Schrein hier steht.

Die heutigen Gebäude sind teils noch im Originalzustand, teils hübsch restauriert.

- Bus Nr. 10, 101, 103, 104, 304
- 17 Lorong Burma, Tel. 016 4105115, geöffnet: tgl. 6–17.30, Eintritt frei

028pn-ho

Zähnefletschende Drachen bewachen den Eingang des buddhistischen Tempels Wat Chaiya Mangkalaram

28 Penang Botanic Gardens ★★★ [E3]

Hier lässt sich die Pracht tropischer Gewächse bewundern – und das ganz ohne anstrengendes Dschungeltrekking. Im Botanischen Garten entdeckt man die Flora und Fauna ganz gemächlich auf festen Wegen und anhand beschrifteter Pflanzen.

Penangs **Botanischer Garten** wurde 1884 von den Briten auf Veranlassung des Botanikers **Charles Curtis** (1853–1928) begründet. Dieser war zunächst im Auftrag der Krone in ganz Südostasien (Sumatra, Borneo, Java) unterwegs, um neue Pflanzen zu finden und zu erforschen. Später ließ er sich auf Penang nieder.

Als Ort für den Botanischen Garten wählte man einen **ehemaligen Steinbruch** mit einem gut 120 Meter hohen Wasserfall, der heute leider nicht mehr zu besichtigen ist, da er sich auf dem Gelände der Wasserversorgungsbehörde befindet. Aufgrund des Steinbruchs war der Regenwald an dieser Stelle bereits erschlossen.

Curtis wurde zum ersten **Kurator** des Gartens und damit zum verantwortlichen Planer ernannt. In Zusammenarbeit mit dem Kurator des Botanischen Gartens in Singapur, Henry Nicolas Ridley, siedelte er hier **Pflanzen aus anderen tropischen Lebensräumen** an. Darunter sind besonders der Regenbaum, der Kanonenkugelbaum und der Kerzenbaum erwähnenswert (s. Exkurs auf S. 40).

Der Botanische Garten beherbergt zahlreiche **Themengärten und -häuser.** Im **Farnhaus** lassen sich etwa viele Farnarten der Region bestaunen, darunter ganz kleine, unscheinbare, aber auch meterhohe Giganten. Des Weiteren erwarten den Besucher eine **Orchideenabteilung** (Orchidarium) und ein **Regenwaldpfad** (Tropical Rainforest Jungle Track bzw. Curtis Trail, s. Wanderung 1 auf S. 75). Lohnenswert sind ferner der Besuch im **Kaktushaus** sowie am **Lily Pond,**

Bunte Seerosen zieren die Teiche in den Penang Botanic Gardens

Das Schnarren der Zikaden ist stets unüberhörbar, mit etwas Glück erblickt man sogar ein Exemplar: hier ein Laternenträger (Lanternfly)

Tropische Baumvielfalt in den Penang Botanic Gardens

Der ***Regenbaum*** *(Samanea saman, rain tree) stammt ursprünglich aus Südamerika. Ein Exemplar steht unmittelbar am Eingang des Botanischen Gartens* **28**. *Bis zu 35 Meter hoch werden diese Bäume und das hier beheimatete Exemplar hat diese maximale Höhe annähernd erreicht. Seine Krone beschattet das Areal mit einem dichten Blätterdach und zeigt hübsche, zartpinke Blüten. Die Blüten schließen sich am Nachmittag, weshalb die Einheimischen den Baum auch als* ***„Feierabendbaum“ („5 o'clock tree“)*** *bezeichnen.*

Ganz in der Nähe steht das erste Exemplar des ***Kanonenkugelbaums*** *(Couroupita guanensis, cannonball tree) aus Guyana mit seinen fast volleyballgroßen Früchten, die ein säuerliches Fruchtfleisch enthalten. Der Baum erreicht eine Höhe von bis zu 25 Metern und spendet reichlich Schatten, sofern die Blätter, die etwa sechs Monate am Baum hängen, noch nicht abgefallen sind.*

Ein weiterer Vertreter der Bäume Südamerikas ist der ***Kerzenbaum*** *(Parmentiera cereifera, candle tree) aus Panama. Diese Baumart bleibt mit einer Größe von sechs bis zehn Metern vergleichsweise klein. Er blüht unübersehbar mit großen, weißen Blüten, die einen Durchmesser von ca. 8 cm erreichen. Der Baum bildet dann längliche, grüne Früchte, die an Kerzen erinnern, was ihm seinen Trivialnamen gab. Alle drei Arten kann man nahe dem Eingang bewundern, einzelne weitere Exemplare stehen verteilt überall im Garten.*

Ein weiteres Highlight ist der in Südostasien beheimatete ***Ebenholzbaum*** *(Diospyros embryopteris, ebony tree). Seine riesige Krone überspannt das Gebiet weithin sichtbar mit dunkelgrünen Blättern. Zur Blütezeit entwickeln sich cremefarbene Blüten, aus denen später braune Früchte werden, die man zur Färbung von Textilien verwendet. Das aus ihnen gepresste Öl soll außerdem medizinischen Nutzen haben.*

031pn-ho

Fächerpalmen wachsen vor allem an gut belichteten Stellen des Waldes

einem mit Seerosen und Lotusblüten bewachsenen Teich, an dem Vögel ihren Durst stillen und in dem etliche **Wasserschildkröten** leben. Sie wurden hier einst ausgesetzt, da dies angeblich Glück verheißt. Weil die Tiere aber das Wasser verschmutzen und die Pflanzen darin wegfressen, ist dies inzwischen verboten. Im **Bromelien- und Begonienhaus** erfährt man Wissenswertes über die sogenannten **Aufsitzerpflanzen** des Regenwaldes (s.S. 101).

Überall schnarren **Zikaden**, man sieht Insekten, Echsen oder Vögel und zuweilen wird man von Mücken geplagt. Doch die wohl größte Plage sind die zahllosen **Javaneraffen** *(Macaca fascicularis, long-tailed macaque)*, die als Kulturfolger des Menschen gelernt haben, dass Touristen erstens Interessantes in ihren Taschen und Rucksäcken haben und zweitens bereit sind, ihre Kostbarkeiten herzugeben, wenn die Affen Zähne zeigen. Deshalb ist es ratsam, stets gebührend **Abstand** zu halten, im Zweifel aus- oder zurückzuweichen und niemals seine Habseligkeiten unbeobachtet abzustellen. Vor allem sollte man die Tiere **nicht füttern** – das zieht nämlich eine **saftige Geldstrafe** in Höhe von RM 500 (ca. 115 €) nach sich!

An jedem letzten Wochenende im Monat kann man an **Gratis-Touren** (s.S. 127) teilnehmen.

Im **Waterfall Cafe** am Eingang zum Botanischen Garten kann man sich zwischendurch stärken.

› CAT und Bus Nr. 10

› **Taman Bunga Pulau Pinang/Taman Botani**, Jl. Keban Bunga, Tel. 04 2264401, http://botanicalgardens.penang.gov.my, geöffnet: tgl. 5–21, Themenhäuser 7–19, Waterfall Cafe 8.30–16.30 Uhr, Eintritt frei

29 Penang Hill (Bukit Bendera) ★★★ [E4]

Mit einer Höhe von gut 830 Metern ist der Penang Hill von fast jedem Ort auf der Insel aus sichtbar. Vom Gipfel des Hügels genießt man einen wahrhaft atemberaubenden Blick über das gesamte Eiland – sofern es das Wetter zulässt. Ganz hervorragend eignet sich hierfür der Sky Walk, ein Aussichtsturm, der nur über eine Brücke erreichbar ist.

Der größte Teil des Hügels ist mehr oder weniger dicht **bewaldet.** In den letzten Jahren hat sich hier einiges getan: Neben den an verschiedenen Stellen aufgestellten **Teleskopen** entstanden zusätzliche **Aussichtsplattformen**, z.B. nahe dem Ausstiegepunkt, wo man die Seilbahn nach der Ankunft auf dem Gipfel verlässt. Natürlich ist hier auch der neue **Sky Walk** zu nennen, der sich beim Eingang zur Bahn auf der anderen Seite des Hügels befindet, wenn man den Rückweg antritt. Die **360-Grad-Plattform**, die man über eine kurze Brücke (den eigentlichen Sky Walk) erreicht, ruht auf einer massiven Stahl-Beton-Konstruktion. Der Blick über Penang ist einfach grandios. Ebenso eindrucksvoll ist die Aussicht von der Bar **Sky Terrace** oder dem Restaurant **David Brown's.**

Weitere Attraktionen sind neben der **Masjid Bukit Bendera** auch der hinduistische **Sri Aruloli Thirumurugan Temple**, zahlreiche historische Relikte, zu denen **Wehrmauern und Kanonen** zählen, sowie das **Owl Museum** und die vielfältige Natur.

Auf einzelnen Wegen sind die **Bäume** beschriftet und unterwegs lassen sich allerlei **Tiere** entdecken, darunter Hörnchen, verschiedene Vogelarten, Insekten, manchmal Warane und andere Echsen oder mit etwas

032pn-ho

Glück sogar eine Schlange. Bei den Hörnchen sind die **Riesenhörnchen** der Gattung Ratufa *(giant squirrel)* hervorzuheben, die ihrem Namen mit knapp 40 Zentimetern Körperlänge und einem bis zu 44 Zentimeter langen Schwanz alle Ehre machen. **Haubenlanguren,** nahezu reine Baumbewohner, besitzen ein dunkles Fell und einen Fellzipfel auf dem Kopf, dem sie ihren Namen verdanken.

Schon im ausgehenden 18. Jh. hatten die **Briten** auf dem Penang Hill eine Station errichtet, nicht nur wegen des herrlichen Blicks, sondern zum einen als **Beobachtungsposten,** um Angreifer vom Meer schneller zu erspähen, zum anderen wegen des **angenehmeren Klimas.** Statt der drückend feucht-warmen Schwüle am Meer und in der Stadt ist es hier auf dem Hügel nach wie vor einige Grad kühler – der ideale Rückzugsort für die vom tropischen Klima geplagten Kolonialherren. Hinauf kam man auf Pferden oder in einer Art Sänfte, getragen von Kulis, die den steilen Hügel erklimmen mussten. 1906 begann man mit dem Bau der **Standseilbahn (Funicular),** die im Oktober 1923 in Betrieb genommen wurde. Auf 1996 Metern Länge überwindet sie die Distanz bis zum Gipfel in ca. elf Minuten. Dabei muss sie u. a. einen 79 Meter langen und drei Meter breiten Tunnel durchfahren, der mit einer Steigung von 27,9 Metern zu den **steilsten Tunnel der Welt** zählt.

Wer auf den Penang Hill hinauf will, hat mehrere Optionen. Die einfachste, aber auch **teuerste Variante** ist die Fahrt mit der **Standseilbahn.** Wer mehr Zeit mitbringt und einigermaßen fit ist, kann sich **zu Fuß** auf den Gipfel begeben – hierfür stehen vier verschiedene Routen zur Wahl. Der **Startpunkt** für alle befindet sich bei den **Penang Botanic Gardens** 28. Man sollte mit etwa **drei Stunden Gehzeit** rechnen.

Eine **erste Route** beginnt außerhalb des Botanischen Gartens. Der ausgeschilderte Weg befindet sich links vom Eingang. Er ist zunächst sehr steil, wird aber später flacher.

Eine **zweite Route** startet direkt im Botanischen Garten, kurz hinter dem Eingang. Hier stehen rechter Hand ein paar geisterhaft erscheinende weiße Bäume; der sehr schmale Pfad beginnt ein paar Meter hinter den Bäumen links. Er wurde bereits 1823 als **Moniot Road** von den Briten genutzt. Hunderte von **Stufen** führen steil den Hügel hinauf. Der Pfad wird sehr selten genutzt, dafür kann man hier umso mehr Tiere sehen. Es empfiehlt sich, genügend **Trinkwasser** mitzuführen.

Der Sky Walk auf dem Penang Hill erlaubt eine grandiose Aussicht

Steil führt die Trasse der Standseilbahn auf den Hügel hinauf

Wer einen einfachen Weg bevorzugt, jedoch nicht auf das Dschungeltrekking-Erlebnis verzichten möchte, startet beim **Moon Gate** an der Jalan Kebun Bunga. Das Tor markierte früher den Eingang zum Anwesen des Millionärs Cheah Chen Eok, der einst den Queen Victoria Memorial Clock Tower ❶ spendete. Heute ist es eine Art kurzes Mauerstück, durch das eine runde, übermannshohe Öffnung in den Wald führt. Auf einem gut ausgeschilderten Pfad erreicht man den Gipfel nach etwa fünf Kilometern.

Am einfachsten ist der Aufstieg über die Straße, den sogenannten **Jeep Track.** Diese wurde für die Fahrzeuge der Anlieger gebaut, die entweder auf dem Berg wohnen oder Waren anliefern. Die etwa fünf Kilometer lange Straße ist stellenweise extrem steil, wird beidseitig von Bäumen gesäumt und bietet somit kaum Aussicht. Sie wird von Motorrädern, Jeeps und Wanderern genutzt.

Selbstverständlich kann man alle diese Wege auch nutzen, um wieder hinabzukommen, wenn man beispielsweise nur ein **einfaches Ticket** für die Standseilbahn gelöst hat. Nach Voranmeldung kann man an **geführten Touren** teilnehmen.

- Bus Nr. 201, 204
- **Talstation der Seilbahn** <002> Jl. Stesen Bukit Bendera, Air Itam, Tel. 04 8288880, www.penanghill.gov.my, geöffnet: tgl. 6.30–23 Uhr (Ticketschalter schließt 22.30 Uhr), Tickets Hin- und Rückfahrt: Erw. RM 30 (Normalpreis), RM 60 (Schnellstrecke), Studenten u. Schüler RM 15 (Normalpreis), RM 45 (Schnellstrecke), Kinder 4–6 J. RM 5 (egal welche Strecke), Tickets einfache Fahrt: Erw. RM 15 (Normalpreis), RM 45 (Schnellstrecke), geführte Touren s. Website (unter „What's at Penang Hill"/„Nature Tour")
- **Owl Museum,** Tel. 04 8265704, geöffnet: Mo–Fr 9–19, Sa/So 8–21 Uhr; Eintritt: Erw. RM 12, Kinder RM 6
- **Masjid Bukit Bendera,** geöffnet: Sa–Do 8–12 u. 16–19, Fr 13–19 Uhr (Freitagsgebet beachten, s. S. 129)
- **Sri Aruloli Thirumurugan Temple,** geöffnet: tgl. 9–18 Uhr
- **David Brown's** $$$$, auf dem Penang Hill, Tel. 04 8288337, www.penanghillco.com.my, geöffnet: tgl. 11–22 Uhr. In der stilvollen Villa fühlt man sich ein bisschen wie die Kolonialherren vergangener Zeiten. Mit einem fantastischem Blick über den geschmackvoll angelegten Garten mit seinem riesigem Lotusteich und große Teile der Insel kann man hier das Essen, vornehmlich hochpreisige asiatische und internationale Speisen, genießen.
- **Sky Terrace** $$$, unterhalb von David Brown's, geöffnet: tgl. 10–22 Uhr. Von der Terrasse des Lokals hat man einen ausgesprochen schönen Ausblick über die Insel und den Wald. Leider sind die Getränke und Snacks nicht ganz billig.

033pn-ho

30 Kek Lok Si Temple ★★★ [E5]

Tausende von Bildnissen und Statuen Buddhas, eine imposante, fast 40 Meter hohe Bronzestatue der Göttin Kuan Yin sowie etliche Pagoden und Gebetshallen – dieser Tempel ist kein Gotteshaus im eigentlichen Sinne, sondern eine weitläufige Anlage, in der man stundenlang verweilen kann.

Der Kek Lok Si wird auch **Temple of Supreme Bliss** („Tempel der größten Seeligkeit“) genannt. Er befindet sich in **Air Itam** (auch Ayer Hitam), einer Stadt, die im Westen an George Town grenzt, und lässt sich von dort **zu Fuß** erreichen. An der Endhaltestelle der Busse führt eine **überdachte Gasse** den Hügel hinauf, wobei man zahllose **Souvenirläden** und mehrere Schildkrötenbecken passiert. Alternativ fährt man mit dem **Taxi** direkt zum Eingangsbereich des Klosters. Im Inneren der Anlage gelangt man mit einer kostenpflichtigen **Seilbahn** zum höchsten Punkt des Klosters, statt über schier endlose **Stufen** zu wandern.

Schon 1890/91 begannen die Arbeiten an dem monumentalen Bauwerk, das vor allem aus Spenden der chinesischen Unternehmer Malaysias finanziert wurde. Der **Mönch Beow Lean**, der spätere **Erbauer**, kam aber bereits 1885 aus China nach Penang, um im Umkreis des Kuan Yin Temple 13 in der Pitt Street (heute Jl. Masjid Kapitan Keling) bei der dortigen Gemeinde Spenden zu sammeln, die einem Kloster in der Provinz Fuzhou in China zugutekommen sollten. Der schnelle Erfolg der Sammlung beeindruckte so sehr, dass er auf Bitten der Gemeindevorsitzenden als neuer Priester in Penang blieb. In den Folgejahren erkundete Beow Lean die Insel und erkannte im Hügel, der Penang überragt, das richtige Feng Shui für ein **Kloster** als Rückzugsort zur Meditation.

Zunächst entstand die **Halle der Bodhisattvas** (Bodhisattvas sind Wesen, die nach höchster Erkenntnis streben) und 1895 die **Devas Halle** (Devas sind eine Art Halbgötter). 1904 war die erste Bauphase ab-

034pn-ho

035pn-ho

geschlossen, ein Jahr später wurde Beow Lean erster Abt des Klosters.

Zahlreiche weitere Bauten folgten, darunter die bemerkenswerte **Pagode der 10.000 Buddhas** aus dem Jahr 1930. Sie ist 50 Meter hoch und kann bis auf die letzte Etage besichtigt werden. Dort werden eine Reliquie Buddhas sowie eine sehr wertvolle Buddhastatue aufbewahrt. Mindestens genauso beeindruckend ist die knapp 36½ Meter hohe **Kuan-Yin-Statue** aus Bronze, die 2002 aufgestellt wurde. Kuan Yin (auch Guanyin), die **Göttin der Barmherzigkeit,** wird im ostasiatischen Buddhismus als weiblicher Bodhisattva verehrt. Zum Schutz der Statue wurde zwischen 2005 und 2009 eine Kuppel von etwa 60 Metern Höhe erbaut.

Während der Feierlichkeiten zu **Chinese New Year** (s. S. 82) erleuchten 10.000 Lichter den Tempel – ein Spektakel, das jedes Jahr Tausende von Besucher anzieht.

› Bus Nr. 201, 203, 204, 206, 502
› 1000-L, Tingkat Lembah Ria 1, Air Itam, Tel. 04 8283317, www.kekloksitemple.com, geöffnet: tgl. 8–18 Uhr, Eintritt frei, in der Pagode der 10.000 Buddhas wird eine Spende von RM 2 erwartet, die Seilbahn (sky lift) kostet RM 6 (Hin- und Rückweg)

Unterkünfte

■ **23LoveLane Hotel** $$$$$ <003> 23 Lorong Love, Tel. 04 2621323, www.23lovelane.com. Gemütliches Boutiquehotel in einem alten chinesischen Stadthaus mit wunderschönem Garten und zehn ausgezeichnet ausgestatteten Zimmern.

■ **Banana Boutique Hotel** $$$ <004> 422 Lebuh Chulia, Tel. 04 2610718, www.bananaboutiquepenang.com. Im Herzen von George Town findet man hier funktional eingerichtete Zimmer in historischem Ambiente, gruppiert um einen hübschen Innenhof. Die Zimmer verfügen über Klimaanlage und Deckenventilator.

■ **Campbell House** $$$$ <005> 106 Lebuh Campbell, Tel. 04 2618290, www.campbellhousepenang.com. Die behaglichen und komfortablen Zimmer sind thematisch eingerichtet und überzeugen mit viel historischem Charme.

⓫ [S. 144] **Cheong Fatt Tze Mansion (The Blue Mansion)** $$$$$. Ein Boutiquehotel und zugleich eine Sehenswürdigkeit. Das Anwesen, das einst dem chinesischen Tycoon Cheong Fatt Tze gehörte, besitzt ein ganz besonderes Flair, das jedoch auch seinen Preis hat. Wer chinesisches Dekor des 19. Jh. mag, ist hier richtig und darf, im Gegensatz zu den Besuchern der Führungen, die nur dreimal täglich zur Besichtigung kommen, auch fotografieren.

■ **Chulia Heritage Hotel** $$$ <006> 380 Lebuh Chulia, Tel. 04 2633380, www.chuliaheritagehotel.com. Zeitge-

Detailreiche Tempelarchitektur: verzierter Dachziegel

Weitläufig, groß und mit Ehrfurcht gebietenden Bauten empfängt der Kek Lok Si Temple seine Besucher

036pn-ho

mäßes Hotel, das über sehr schöne, helle Zimmer mit solider Ausstattung verfügt. Im Erdgeschoss wohnt man ebenso angenehm, allerdings mit Gemeinschaftsbad und deshalb preiswerter.

- **Chulia Mansion** $$$$ <007> 413 Lebuh Chulia, Tel. 04 2618788, www.chuliamansion.com. Sehr modernes Hotel mit allen Annehmlichkeiten, sauberen, gut ausgestatteten Zimmern und einem Dachgarten mit Bar, die den Gästen eine ganz wunderbare Aussicht über George Town bietet.
- **Cintra Heritage House** $$$ <008> Lot 1, 3, 5, 7, Lebuh Cintra, Tel. 04 2628232, www.cintrahouse.com. In dem Gebäude aus den 1920er-Jahren wohnt man zentral und mit moderner Ausstattung. Massive Holzmöbel, Klimaanlage und ausgezeichnete Bäder.

Der Garten des Eastern & Oriental Hotel 9 *lädt zum Relaxen ein*

9 [S. 144] **Eastern & Oriental Hotel** $$$$$. Das ehrwürdige Haus am Meer lässt keine Wünsche offen! Die Suiten sind sehr geräumig. Neben dem Pool im Garten des Heritage Wings erwartet den Gast beim Pool in der 6. Etage des Victory Annexe ein grandioser Aussichtspunkt. Und obwohl es sich um eines der besten Hotels der Insel handelt, kann man hier für nur gut 100 Euro übernachten (Frühstück inklusive). Nichtgäste sollten zumindest der Lobby mit dem Echo-Dom und dem Garten einen Kurzbesuch abstatten.

- **G Times Inn Hotel** $$ <009> 278 A Lebuh Victoria, Tel. 04 2635227, www.gtihotel.com. Das G Times Inn ist günstig in der Nähe der Clan Jetties und der Altstadt gelegen. Zur Wahl stehen einfache, funktional möblierte Zimmer.
- **Grand Swiss Hotel** $$ <010> 431 F u. 431 G Lebuh Chulia, Tel. 04 2501288, www.grandswisshotel.com.my. Ausgesprochen modernes Hotel im Herzen der Altstadt, an dem Ort, wo das alte Swiss Hotel einst die Backpacker aus aller Herren Länder beherbergte. Sehr geräumige, betont schlicht und ansprechend eingerichtete Zimmer mit Farbakzenten.
- **Hutton Lodge** $$$$$ <011> 17 Jl. Hutton, Tel. 04 2636003, www.huttonlodge.com. Nahe der historischen Altstadt erlebt man hier koloniales Flair. Die gemütlich gestalteten Zimmer bieten viel Komfort, die Gartenterrasse ist ein idealer Rückzugsort.
- **Le Dream Boutique Hotel** $$$$ <012> 139 Jl. Pintai Tali, Tel. 04 2519370, www.ledreamhotel.com. Stylish eingerichtetes Boutiquehotel. Die Zimmer sind sauber, praktisch und bequem ausgestattet, allerdings nicht übermäßig groß. Auf dem Dachgarten erwartet die Gäste ein Whirlpool.
- **Muntri Grove** $$$$$ <013> 127, 129, 131 A–F Lebuh Muntri, Tel. 04 2615107, www.muntrigrove.com. Sehr

hübsches Boutiquehotel mit 16 stilvoll möblierten, geräumigen Suiten sowie einem Pool im Dachgarten. Betten mit Baldachin, Zimmer mit Klimaanlage.

- **Muntri Mews** $$$ <014> 77 Lebuh Muntri, Tel. 04 2635125, www.georgetownheritage.com/muntri-mews. Kleines, heimeliges Boutiquehotel mit gut ausgestatteten, großzügigen Suiten und einem kleinen, charmanten Garten.
- **Roommates Penang** $ <015> 17 B Lorong Chulia, Tel. 016 3848828, Facebook-Seite. Im Stil einer kleinen Wohnung dekoriertes, behagliches Hostel mit Doppelstockbetten, die mittels Vorhang Privatsphäre gewähren. Im Haus gegenüber logiert das Roommates II nur für Frauen.
- **Spices Hotel** $$$$ <016> 5 Lorong Lumut, Tel. 04 2619986, www.spiceshotel.com. Gemütliche, zeitgemäß gestaltete Zimmer mit typisch asiatischem Flair. Zum Hotel gehört ein kleiner Garten; an der Mauer wächst pittoresk ein alter Baum empor. Die Zimmer bieten alles von minimalistischer Gestaltung bis zum gemütlichen Loft. Eine Klimaanlage ist stets inklusive.
- **Sweet Cili Hotel** $$$ <017> 6 Gat Lebuh Melayu, Tel. 04 2639930, www.sweetcili.com. Kleine, funktionale und behagliche Zimmer mit moderner Ausstattung. Derselbe Anbieter wie das Spices Hotel.
- **The Boutique Residence** $$$$$ <018> 129 Jl. Masjid Kapitan Keling, Tel. 04 2639133, www.theboutiqueresidencehotel.com.my. Mit Schweizer Gastfreundschaft geführtes Boutiquehotel. Nicht ganz billig, dafür jedoch zentral gelegen und inklusive Pool im Innenhof.
- **Tune Hotel** $$ <019> 100 Jl. Burma, Tel. 04 2275807, www.tunehotels.com (unter „Where we are"/„Downtown Penang"). Großes, im Zentrum zu findendes Hotel. Sehr preiswerte, kleine Zimmer, bei denen man jedes Extra separat bucht und bezahlt. Die Hotels der Tune-Kette gehören zur Billigfluglinie Air Asia.

Essen und Trinken

Nyonya-Küche

- **Ban Heang Cafe (BH Cafe)** $ <020> 245 u. 247 Jl. Penang, Tel. 04 2295018, www.banheang.com.my, geöffnet: tgl. 8–21 Uhr. Neben Kaffee und Tee gibt es in diesem Bäckerei-Café eine große Auswahl leckeren Backwerks, darunter vor allem die wunderbaren *coconut tarts* (Kokosküchlein).
- **Ivy's Kitchen** $$ <021> 58 Jl. Chow Thye, Tel. 04 4337878, Facebook-Seite (Ivy's Nyonya Cuisine), geöffnet: tgl. 12–15 u. 18–21 Uhr. Hier stehen typische Peranakan-Gerichte (aber ohne Schweinefleisch) auf der Karte. Sehr empfehlenswert sind *asam laksa* (Tamarinden-Nudelsuppe mit Fisch) und *kapitan curry chicken*.
- **Mama's Nyonya Cuisine** $$ <022> 31 D Lorong Abu Siti, Tel. 04 2291318, geöffnet: tgl. 11.30–14.30 u. 18.30–21.30 Uhr. Der Name sagt alles: Hier gibt es Nyonya-Gerichte wie von Mama zubereitet. Sehr gut sind die Salate, z. B. *kerabu kacang botol* (Sojasprossen- und Goabohnensalat).
- **My Own Cafe** $ <023> 2 Lebuh Cannon, Tel. 012 4532453, Facebook-Seite, geöffnet: tgl. 8–17 Uhr. Hier werden malaiischer Kaffee, Laksa-Gerichte und westlich angehauchte Snacks im Ambiente eines kleinen Shophouse serviert.
- **Rainforest Bakery** $ <024> 300 Lebuh Chulia, Tel. 012 4056276, Facebook-Seite, geöffnet: tgl. 7.30–18.30 Uhr. Lust auf Brot, Brötchen und Kaffee? Dann is(s)t man hier genau richtig. Die malaiische Version der Backwaren ist jedoch viel lockerer gebacken als die deutsche und selbst herzhafte Teile sind süß gewürzt. WLAN.
- **Sea Pearl Lagoon Cafe** $$ <025> 338 Jl. Tokong Thai Pak Koong, Stadtteil Tanjong Tokong, Tel. 04 8990375, geöffnet: tgl. 11–22 Uhr. Bei dem Open-Air-Hawker

bekommt man vor allem schmackhafte Meeresfrüchte. Wer diese nicht mag, kann auf andere Gerichte ausweichen; sehr gut mundet hier z. B. *sate.*

Chinesisch

- **Loke Thye Kee** $$ <026> 2 Jl. Burma, Tel. 04 2641919, www.lokethyekee.com/restaurant, geöffnet: tgl. 10–22 Uhr. Nudeln und Reis bilden die Grundlage für verschiedene Gemüsevariationen mit oder ohne Fleisch bzw. Fisch.
- › **Maple Palace** $$$-$$$$ <027> 47 Jl. Sultan Ahmad Shah, Tel. 04 2279690, www.maplepalace.com, geöffnet: tgl. 12–14.30 u. 18–22 Uhr. Wer die Kanton- oder Sichuan-Küche mag, ist hier genau richtig. Aufgetischt werden gutes *steamboat,* leckere Seafood-Gerichte, knusprig und scharf gewürzte Fleischspeisen sowie schmackhafte Desserts. Isst man à la carte, muss man mit Preisen zwischen RM 25 und RM 50 (5–10 €) rechnen. Beliebt sind hier die sogenannten *set menus,* die allerdings immer für zehn Personen kalkuliert sind.
- › **Max Gourmet** $$, im Gurney Plaza (s. S. 52), 7. Stock, Tel. 04 2273879, www.maxim.com.my, geöffnet: Mo/Di/Do 10.30–21.15, Di/Fr/Sa/So 10.30–21.30 Uhr. Serviert werden köstliche Dim-Sum-Gerichte (gefüllte Teigtaschen) sowie eine große Auswahl an asiatisch-westlicher Fusionsküche.
- **Max Gourmet Komtar Walk** $$ <028> EG, Lot 17–20, Tel. 016 4113511, Facebook-Seite, geöffnet: tgl. 9–23 Uhr. Weitere Filiale der Maxim-Kette. Auch hier bekommt man die leckeren *dim sum.* Daneben sind die Nudelgerichte ausgesprochen empfehlenswert.
- › **Yang Yang Dim Sum Restaurant** $ <029> 35 Jl. Anson, Tel. 04 2275425, Facebook-Seite, geöffnet: tgl. 6–14 Uhr. Der Name verrät es: Hier gibt es vielfältige Sorten von *dim sum,* die sich nach Lust und Laune kombinieren lassen.

Indisch

- **Danish Briyani House** $ <030> 273 B Lebuh Chulia, Tel. 016 4272167, www.danishbriyanihouse.com, geöffnet: tgl. 7–23 Uhr. Sehr gute (nord)indische Küche. Zur Wahl stehen viele schmackhafte vegetarische Speisen neben etlichen Varianten des namensgebenden pikanten Reisgerichts.
- **Hameediyah** $$ <031> 164 A Lebuh Campbell, Tel. 04 2611095, Facebook-Seite, geöffnet: tgl. 10–22.30 Uhr. Indisch-malaiische Gerichte wie *fish head curry, nasi kandar* (Reis mit Beilagenauswahl), aber auch einfache Speisen wie die beliebten (teils gefüllten) Teigfladen *roti* oder *murtabak.*

037pn-ho

Frühstück to go: das typisch malaysische „nasi lemak" (s. S. 88) wird hier in Bananenblätter zum Mitnehmen verpackt

■ **Kapitan Restoran** $ <032> 93 Lebuh Chulia, Tel. 04 2641191, geöffnet: tgl. 24 Std. Das indische Lokal ist bekannt für seine ausgezeichnete Küche, vor allem das *tandoori ayam* (Tandoori-Hühnchen), scharf angebraten und serviert mit Naan-Brot, sowie die diversen Currygerichte sind empfehlenswert.

■ **Sri Ananda Bahwan** $ <033> 25 Lebuh Penang/Ecke Lebuh Chulia, Tel. 04 2644204, geöffnet: tgl. 7–22 Uhr. Hier gibt es sehr günstiges nord- und südindisches Essen, z. B. einfache, sättigende *rotis* oder gut gefüllte *murtabak*.

Malaiisch

■ **Eng Loh Kopitiam** $ <034> 48 Lebuh Gereja, Tel. 04 2615526. Ursprünglicher Coffeeshop mit Holzstühlen, Granittischplatten und schmackhaftem *kopi susu* (Kaffee mit Kondensmilch).

■ **Kek Seng Cafe** $ <035> 383 Jl. Penang, Tel. 016 4121300. Neben etlichen Speisen sowie Kaffee- und Teevarianten überzeugt hier vor allem das *ais kacang* (Eis mit bunter Soße).

■ **Old Town White Coffee** $$ <036> The Whiteaways Arcade, Lot 2 u. 4, EG, Lebuh Gereja, Tel. 04 2616303, www.oldtown.com.my, geöffnet: tgl. 8–24 Uhr. Die malaiische Antwort auf amerikanische Kaffeehausketten bietet hier, im Hinterhof des markanten Arkadengebäudes, leckere Kaffee- und Teesorten sowie eine breite Palette an Snacks und Hauptgerichten. Hier liegt das Augenmerk auf traditioneller malaiischer und indischer Küche, aber auch westliche Gerichte sind zu haben. WLAN.

■ **Sup Hameed** $ <037> 48 Jl. Penang, Tel. 04 2618007, geöffnet: Mo 12–0.30, Di/Mi/Sa/So 12–24, Do 12–1, Fr 10–1 Uhr. In diesem Lokal gibt es eine gute Mischung aus malaiischer und indischer Küche zu sehr günstigen Preisen. Vor allem die Suppen sollte man sich nicht entgehen lassen.

Köstliches Hüftgold: in heißem Öl frittierte Pfannkuchen

Westlich und international

› **59 Sixty** $$$$, im Komtar Tower 25, Tel. 04 2623800, www.thetop.com.my (unter „Dining“), geöffnet: tgl. Lunchbuffet 12–14.30, High Tea 15–17 u. Dinner 18.30–22, Sa/So ab 11.30 Uhr. Im höchsten Restaurant Penangs speist man vor allem asiatische Gerichte, zum Teil mit internationalem Touch. Dazu gibt es einen grandiosen Blick über George Town. In jedem Fall vorher reservieren!

■ **Mansion 20 (M20)** $$-$$$$ <038> 29 Jl. Green Hall, Tel. 04 2626020, www.facebook.com/mansiontwenty, geöffnet: tgl. 11.30–3 Uhr. In erster Linie werden hier allerlei westliche Leckereien von Burger bis Pasta in stylischem Ambiente kredenzt. Man kann entscheiden, ob man lieber leger im Garten und Bistro oder aber elegant im Dining-Bereich speisen möchte.

› **Sarkies im Eastern & Oriental Hotel** 9, www.eohotels.com/sarkies.php, geöffnet: tgl. Frühstück 6.30–10.30, Lunchbuffet 12–14.30 u. Dinnerbuffet 19–22.30 Uhr. Im Buffetrestaurant bekommt man neben regionalen Spezialitäten eine große Auswahl an asiatischen und internationalen Gerichten. Sehr schön ist ein Platz auf der Außenterrasse mit Blick aufs Meer.

› **Sarkies Corner im Eastern & Oriental Hotel** 9, www.eohotels.com/sarkies-corner.php, geöffnet: tgl. 11–23 Uhr. Im kolonialen Ambiente eines Coffeeshops werden internationale und lokale Spezialitäten kredenzt. Sehr begehrt sind die Plätze zum High Tea, bei dem Gebäck zu Kaffee oder Tee serviert wird. Am schönsten speist es sich auf der Terrasse.

› **The Bridge Grill** $$$, dasselbe Gebäude wie Loke Thye Kee (s. S. 48), geöffnet: tgl. 7–23 Uhr. Wer es gediegen und stilvoll mag, der wird hier fündig. Aufgetischt werden Gerichte aus der westlichen Hemisphäre sowie asiatische Köstlichkeiten mit internationalem Touch. WLAN.

■ **The Cruises Steak House** $$$ <039> 8 Lebuh Bishop, Tel. 04 2611621, www.thecruises.com.my, geöffnet: Mo–Sa 12–15 u. 17–24, So ab 16 Uhr. Neben recht guten Steaks stehen hier zahlreiche weitere westliche Gerichte – von Lammkeule bis Spaghetti – auf der Karte. Eine echte Alternative zu den sehr hochpreisigen Hotelrestaurants.

› **The View** $$$$ <040> im Equatorial Hotel, Jl. Bukit Jambul, Tel. 04 6327000, https://penang.equatorial.com (unter „Dining & Entertainment“/„The View“), geöffnet: tgl. 12–14.30 u. 18.30–22 Uhr. Exzellente französische Küche in gediegenem Ambiente. Reservierungen erbeten.

■ **Three-Sixty Revolving Restaurant and Sky Bar** $$$$ <041> im Bayview Hotel, Ebene R, 25 A Lebuh Farquhar, Tel. 04 2613540, www.360rooftop.com.my, geöffnet: So–Do 16–1, Fr, Sa u. Feiertage bis 2 Uhr, Dinnerbuffet tgl. ab 18.30 Uhr. Je nach Wettersituation nimmt man hier, auf dem Dach des Hotels, im Innenbereich (im sich drehenden Restaurant) oder auf der Terrasse Platz. Bei schmackhaften internationalen Speisen genießt man stets eine herrliche Sicht auf Penang. WLAN.

› **Uncle Albert's** $$ im Straits Quay (s. S. 52), EG, Lot 3A-G-8, Tel. 04 8903407, www.unclealberts.com.my, geöffnet: tgl. 11–23 Uhr. Hier gibt es traditionelle *fish and chips*, Schnitzel, frischen Fisch und Suppen.

Vom Hähnchen bis zum Blattgemüse: Auf George Towns Märkten findet man alles für die frische Küche

Hawker Stalls und Food Courts

- **Beach Street Food Court** [$] <042> Lebuh Pantai, geöffnet: tgl. ab 7 Uhr. Hier kann man bis spät in die Nacht eine Vielzahl verschiedenster Gerichte probieren. Besonders bekannt sind die Händler hier für ihr *beef kway teow* (Reisbandnudeln mit Rind).
- **Lebuh Armenian Hawker Stalls** [$] <043> beim Street-Art-Kunstwerk „Kinder auf dem Rad". Vom kleinen Verkaufswagen bekommt man neben verschiedenen *rojak* (selbst zusammenstellbare Mixgerichte) auch exzellentes *ais kacang*.
- **Lebuh Chulia Hawker Stalls** [$] <044> Lebuh Chulia/Ecke Lorong Cheapside, geöffnet: tgl. ab 17 Uhr. Jeden Spätnachmittag kommen an dieser Kreuzung Straßenhändler zusammen, die in Garküchen allerlei Schmackhaftes, aber auch viel Unbekanntes zaubern. Man kann stehend essen oder auf einfachen Hockern Platz nehmen.
- › **Northam Beach Cafe** [$$] <045> 58 Jl. Sultan Ahmad Shah, geöffnet: tgl. ab 10 Uhr. Egal, ob man *sate*, frittierten Tofu oder ein westliches Gericht probieren möchte, hier wird man garantiert fündig. Am schönsten ist es hier bei Sonnenuntergang, denn man isst fast direkt am Meer.

Einkaufen

Märkte

- **Campbell Street Market** <046> Lebuh Campbell/Ecke Lebuh Carnarvon, geöffnet: tgl. 5.30–ca. 18 Uhr. Hier werden Obst, Gemüse und frischer Fisch verkauft. Der kleine Straßenmarkt öffnet bereits sehr früh am Morgen seine Pforten; wer nach 9 Uhr kommt, hat die frischesten Waren bereits verpasst.
- **Little India Market** <047> Lebuh Chulia/Lebuh Penang/Lebuh Queen/Lebuh Pasar, geöffnet: tgl. 9–21 Uhr. Inmitten des lebendigen indischen Viertels findet man Saris und andere Textilien, DVDs, CDs, Gewürze, Blumen, Schmuck, Tempeldevotionalien und indische Kosmetik. Die meisten Geschäfte befinden sich entlang der Straßen, sodass auch der Gehweg bzw. Teile der Straße als Verkaufsfläche genutzt werden.
- **Little Penang Street Market** <048> Jl. Penang (nördliches Ende), www.littlepenang.com.my, geöffnet: jeden letzten So. im Monat 10–17 Uhr. Auf diesem kleinen Flohmarkt kann man Alltagswaren, Bücher und allerlei Schnickschnack von Modeschmuck bis zum Dekokitsch erwerben. Ab und an gibt es auch das eine oder andere exotische Heilmittel.

039pn-ho

■ **Pasar Chowrasta** <049> Jl. Penang (Mitte), geöffnet: tgl. 6–21 Uhr. Dieser Markt ist ein typischer *wet market,* d. h. man bekommt hier in erster Linie Frischwaren, also Fleisch, Fisch, Früchte und Gemüse. Daneben lassen sich aber auch jede Menge Textilien erstehen.

■ **Penang Bazaar** <050> Jl. Penang (Mitte), neben dem Pasar Chowrasta, geöffnet: tgl. 8.30–20 Uhr. Biegt man von der Hauptstraße ab, gelangt man unter dem Dach der Markthalle in ein Wirrwarr verschiedener Gänge, in denen Händler Schuhe, Kleidung, Souvenirs, Getränke und allerlei Esswaren bereithalten.

Shoppingmalls

› **Gurney Paragon** <051> 163 D Persiaran Gurney, Tel. 04 2288266, www.gurneyparagon.com, geöffnet: tgl. 10–22 Uhr. Modernes Einkaufszentrum mit Markengeschäften, Kino, Food Court und Supermärkten. Sehr nett ist die Außengastronomie.

040pn-ho

› **Gurney Plaza** <052> 170-06-01 Persiaran Gurney, Tel. 04 2228111, www.gurneyplaza.com.my, geöffnet: tgl. 10–22 Uhr. Unmittelbar neben dem Gurney Paragon gelegene Mall mit Luxusläden, Supermarkt und diversen Restaurants, etwa Max Gourmet (s. S. 48). Das Gurney Plaza beherbergt auch das Teegeschäft Winter Warmers (s. S. 53).

25 [S. 144] **Komtar Tower,** geöffnet: tgl. 10–24 Uhr. In dem 65 Stockwerke hohen Gebäude findet man neben zahlreichen Einzelhandelsgeschäften auch viele Restaurants. Ferner gehören verschiedene Malls zum Gebäudekomplex.

› **Straits Quay** <053> Jl. Seri Tanjung Pinang, Tel. 04 8918000, www.straitsquay.com, geöffnet: tgl. 10.30–1, Geschäfte bis 22 Uhr. Der Straits Quay soll an die maritime Vergangenheit Penangs anknüpfen und verbindet einen kleinen Hafen, vor allem für Jachten, mit Shoppingmöglichkeiten (z. B. Royal Selangor Visitor Centre, s. S. 53) und Gastronomie, etwa Uncle Albert's (s. S. 50) und Healy Mac's (s. S. 54).

Supermärkte

■ **Happy Mart** <054> Jl. Penang/Ecke Jl. Sultan Ahmad Shah, geöffnet: tgl. 24 Std. In den Geschäften dieser Kette kann man rund um die Uhr alles für den täglichen Bedarf kaufen, oft gibt es auch warme Snacks.

■ **Pacific Hypermarket** <055> 1 Jl. Penang, im Komtar-Komplex, Tel. 04 2503399, geöffnet: tgl. 9–22 Uhr. Großer Supermarkt direkt neben dem Komtar Tower. Ideal für Nahrungsmittel und Waren des täglichen Gebrauchs.

› **Tesco** <056> 1 Jl. Seri Tanjung Tokong, Tel. 04 8903763, www.tesco.com.my, geöffnet: tgl. 8–1 Uhr. In dem moder-

[<] *Eingang zum Straits Quay, einer modernen Shoppingmall*

nen Supermarkt nahe dem Straits Quay findet man alles, was das Herz begehrt. Zum Sortiment gehören neben allen Arten von Lebensmitteln auch Haushaltswaren und Elektronik. Zur ursprünglich britischen Tesco-Gruppe gehören noch weitere Märkte auf ganz Penang, die sich über die Website lokalisieren lassen (unter „Store Locator“).

Einzelhandel

- **Beads Zone** <057> 169 Lebuh Campbell, Tel. 04 2628988, www.beadszone.com.my, geöffnet: tgl. 9.30–19 Uhr. Modeschmuck, mit bunten Perlen verzierte Accessoires, Kleidung und vieles mehr.
- **Bombay Shop im Eastern & Oriental Hotel** 9, Tel. 04 2222000, www.eohotels.com/bombay-shop.php, geöffnet: tgl. 9–20 Uhr. Hier kann man erlesene Mitbringsel finden, in historischen Bildbänden stöbern oder exquisite Alltagsgegenstände vom Kissen bis zum Porzellan erstehen.
- **Fresh Desire,** im Straits Quay (s. S. 52), Tel. 04 8991022, geöffnet: tgl. 10–22.30 Uhr. Der Laden offeriert etliche Kosmetikprodukte. Ein echter Hingucker sind die Seifen, die Lebensmitteln zum Teil so täuschend echt nachempfunden sind, dass man schon einmal versucht ist hineinzubeißen.
- **Ghee Hiang** <058> 144 I Jl. Burma, Tel. 1300 882727 (Hotline), www.gheehiang.com, geöffnet: tgl. 9–19 Uhr. In diesem Bäckereigeschäft gibt es die wohl leckersten Brötchen, gefüllte Backwaren und Kekse der Stadt – und das seit über 160 Jahren.
- **Lean Giap Trading** <059> 449 Lebuh Chulia, Tel. 04 2620520 u. 012 4833309, geöffnet: tgl. 9–18 Uhr. Hier bekommt man Silberschmuck, orientalische Dekoartikel, Porzellan und Souvenirs.
- **Nyonya Beaded Shoes** <060> 4 Lebuh Armenian, Tel. 016 4543057, geöffnet: Mo–Sa 9.30–18 Uhr. Mr. Tan Kok Oo fertigt die klassischen Schuhe der Nyonyas, die mit zahlreichen Perlenstickereien in aufwendiger Handarbeit hergestellt werden. Man kann zwischen verschiedenen Motiven und drei Kappenvarianten wählen.
- **Owl Shop** <061> 13 Lebuh Cannon, Tel. 04 2610601, www.facebook.com/owldepotpg, geöffnet: tgl. 9.30–19 Uhr. Zwar gibt es im Owl Shop keine lebenden Eulen, dafür aber eine große Auswahl an Bildern und Figuren dieser faszinierenden Tiere.
- **Royal Selangor Visitor Centre,** im Straits Quay (s. S. 52), Lot 3A-G-1, Tel. 04 8912018, www.royalselangor.com, geöffnet: tgl. 10–22 Uhr. Hier erfährt man allerlei Wissenswertes über die alte Tradition des Zinnhandwerks und kann im angegliederten Shop viele Souvenirs aus diesem Material erstehen.
- **Willemina** <062> 17 Lebuh Armenian, Tel. 011 24186625, www.facebook.com/willeminas, geöffnet: Mo–Fr u. So 11–17, Sa bis 21 Uhr. Einzigartige, handgefertigte Schmuckstücke in asiatischem Design von zwei niederländischen Künstlern. Zu den verwendeten Materialien zählen z. B. Aluminium, Kupfer und Muscheln.
- **Winter Warmers,** im Gurney Plaza (s. S. 52), Lot 170-G-38, Tel. 04 2273848, www.winterwarmers.net, geöffnet: tgl. 10–22 Uhr. Liebhaber von Tee und Kaffee sind hier genau richtig. Man kann die Heißgetränke gleich verkosten oder die Lieblingssorte sowie reichlich Zubehör danach käuflich erwerben.
- **Zhang Trading** <063> 48 Lebuh Armenian, Tel. 04 2636478, geöffnet: tgl. 9.30–19.30 Uhr. Universalgeschäft, in dem man neben Kosmetik- und Hygieneartikeln auch *bird nest soup* (Vogelnestersuppe) bekommt. Auch Fahrräder sind mietbar (ZT Bike Penang, s. S. 80).

Nachtleben

Pubs, Bars und Lounges

- **Baba Bar** <064> im Seven Terraces Hotel, Lorong Stuart, Tel. 04 2642333, www.seventerraces.com (unter „Dining"), geöffnet: tgl. 14–22.30 Uhr. Hier treffen sich Hotelgäste und Menschen aus der Umgebung zum Cocktail, Bier oder Wein. Das Ambiente ist ein gelungener Mix aus klassischem Peranakan-Sil und modernem Design. WLAN.
- **Beach Blanket Babylon** <065> 32 Jl. Sultan Ahmad Shah, Tel. 04 2622232, www.32mansion.com.my/beach-bar-penang, geöffnet: tgl. 12–14.30 u. 19–22.30 Uhr. Tagsüber eher ein Tipp fürs Essen, gibt es hier abends leckere Cocktails und kühles Bier in stylisher Miami-Atmosphäre ummittelbar am kleinen Strand.
- **Farquhar's Bar im Eastern & Oriental Hotel** 9, Tel. 04 22223177, www.eohotels.com/farquhars-bar.php, geöffnet: tgl. 11–23 Uhr. Eine der besten Bars in George Town mit britischem Charme in kolonialem Ambiente, schmackhaften Drinks und Livemusik. Zur Happy Hour (17–21 Uhr) sind die Getränke übrigens deutlich preiswerter.
- **G Lounge** <066> im G Hotel, 168 A Persiaran Gurney, Tel. 04 2380000, www.ghotel.com.my/dining-glounge.html, geöffnet: Mo–Do 10–1, Fr/Sa bis 3 Uhr. Schick, edel und mit einer 46 Meter langen Bar, so präsentiert sich diese Hotellounge, die das Publikum zur Happy Hour (16–20 Uhr) mit günstigen Preisen anlockt. WLAN.
- **Healy Mac's** [$$], im Straits Quay (s. S. 52), Lot 3A-G9/10, Tel. 04 8903477, www.healymacs.com, geöffnet: tgl. 11–1 Uhr. Irish Pub mit tollem Bierangebot, soliden Speisen und wunderbarem Blick auf den Jachthafen.
- **Mao Pub & Bistro** <067> 17 Lebuh Sungai, Facebook-Seite, geöffnet: tgl. 17–3 Uhr. Thailändisch inspirierter und entsprechend dekorierter Pub, in dem Chartsmusik vom Plattenteller erklingt.
- **Soho Free House Penang** <068> 50 A Jl. Penang, Tel. 04 2633331, Facebook-Seite, geöffnet: tgl. 12–24 Uhr. Koloniales Flair und ganztägige Bierangebote, dazu ausgesprochen freundliches Personal, das Besucher fast schon familiär empfängt – das alles spricht für das Soho Free House.
- **Soi 11 Unplugged Bar & Restaurant** <069> Lot B2/B3, The Garage, Jl. Penang (nördliches Ende), geöffnet: tgl. ab 21 Uhr. Neben der Livemusik kommen die Gäste vor allem wegen der internationalen Bierauswahl.
- **That Little Wine Bar** <070> 54 Jl. Chow Thye, Tel. 04 2268182, www.thatlittlewinebar.com, geöffnet: Mo–Sa 17–24 Uhr. Gartenterrasse mit schmackhaften Cocktails und guten Weinen, die man bei angenehmer Lounge-Musik genießt.
- **The Canteen at ChinaHouse** <071> 183 B Lebuh Victoria, Tel. 04 2637299, www.canteenchinahouse.wordpress.com, geöffnet: tgl. 11–23 Uhr. Die Gestaltung im 70er-Retro-Chic, faszinierende Bilder an den Wänden und ein dezenter Musikmix aus Indie-Pop, Jazz und Funk lassen die Drinks besonders gut schmecken. Häufig Livemusik.
- **The Cellar at Macalister Mansion** <072> 228 Jl. Macalister, Tel. 04 2283888, www.macalistermansion.com (unter „The Cellar"), geöffnet: Mo–Do u. So 17–1, Fr/Sa bis 2 Uhr. Angesagte Cocktailbar im Kolonialstil, die mit rund 300 Weinsorten zudem ein beliebter Treffpunkt für Weinliebhaber ist.
- **Three-Sixty Revolving Restaurant and Sky Bar** (s. S. 50). Stylish und entsprechend teuer ist diese Bar, dafür erlebt man einen einmaligen Ausblick über die Stadt. Zur Happy Hour zwischen 16 und 20 Uhr werden die Drinks vergünstigt ausgeschenkt.

Klubs und Diskotheken

- **Jammin Via Pre** <073> 5 Pengkalan Weld, Tel. 04 2619800, Facebook-Seite, geöffnet: Mi–Sa ab 17 Uhr. Salsa, Samba und Tango geben hier den Ton an. Wer nicht mittanzen mag, hat seine Freude beim Zusehen.
- **M2** <074> B2 Entertainment City, Penang Times Square, Jl. Dato Keramat, Tel. 016 4176711, www.soju.com.my (unter „Our Clubs"), geöffnet: Mo–Sa 21–3 Uhr. Hier trifft sich ein junges, feierfreudiges Publikum zu den angesagten Sounds aus Japan, Korea, Taiwan und China.
- **Mois** <075> 1 Jl. Penang (nördliches Ende), geöffnet: tgl. 17.30–2.30, vor 22 Uhr freier Eintritt. Die Partylocation für das junge Publikum wird hauptsächlich am Wochenende stark frequentiert. In der Außenbar kann man Sportveranstaltungen auf Großbildschirmen verfolgen.
- **QEII** <076> Tanjung City Marina, 8 A Pengkalan Weld, Tel. 04 2612126, geöffnet: tgl. 12–3 Uhr. Disco und Bar mit Songs der 80er-Jahre bis zu aktuellen Charts. Dazu hat man eine fantastische Sicht auf den Hafen und die Boote.
- **Seventy7** <077> 34 Jl. Nagor, Tel. 04 2262067, www.seventy7cafe.blogspot.de, geöffnet: Di–Do 19.30–1.30, Fr–So bis 3 Uhr. Jazz und Musik der 50er-Jahre am frühen Abend und später ein gut tanzbarer Mix verschiedener Musikrichtungen, dazu manchmal Karaoke.
- **Slippery Senoritas** <078> Lot B3-A, The Garage, 2 Jl. Penang (nördliches Ende), Tel. 04 2636868, geöffnet: tgl. 11–3 Uhr. Tagsüber und abends eine Bar, wandelt sich die Location nachts in einen Dancefloor mit lateinamerikanischem Ambiente. Gespielt werden R&B, House und Latin Beats.
- › **Soju Penang,** dieselbe Adresse wie M2 (s. oben), Tel. 012 5565876, geöffnet: Mo–Sa 21–5 Uhr. Hipper Klub für Tanzwütige. Die DJs legen vor allem elektronische Musik auf.

Der Norden

Der Norden der Insel präsentiert sich ausgesprochen kontrastreich. Auf der einen Seite wird an der Nordküste das Vergnügen großgeschrieben. Im lebhaften Batu Ferringhi haben sich etliche internationale Hotels niedergelassen und es gibt ein ausgeprägtes Strandleben. Weitere Attraktionen wie Craft Batik und die Schmetterlingswelt Entopia locken rund um den Ort Teluk Bahang. Auf der anderen Seite ist der Norden mit dem Nationalpark und dem kleinen Naturpark Taman Rimba reich an Naturschönheiten und abgeschiedenen Ecken. Wer Entspannung sucht, ist am feinsandigen Strand oder am Pool seines Hotels gut aufgehoben. Möchte man mehr Abwechslung, locken die ausgedehnten Regenwaldgebiete zur Naturerkundung.

Tanjung Bungah

Auf dem Weg nach Batu Ferringhi 32 an der Nordküste erreicht man zunächst den **ehemals kleinen Vorort** Tanjung Bungah [E2] nordwestlich von George Town. Hier haben sich in den letzten Jahrzehnten vorwiegend Einheimische in eleganten Einfamilienhäusern und modernen Wohnblocks angesiedelt.

Bis 2004 erstreckte sich unmittelbar an der Floating Mosque 31 ein einfaches malaiisches Fischerdorf, doch dieses wurde am 26. Dezember vom **Tsunami** weggewaschen (unter dem Suchbegriff „Tsunami 2004 at Tanjung Bungah Penang" kann man sich die Wucht des Meeres auf YouTube ansehen). Etwa 52 Menschen kamen damals auf Penang ums Leben, weitaus mehr Menschen verloren ihr Zuhause. Die Regierung reagierte prompt und ließ für die Bewohner des ehemaligen Dorfes am Ufer moderne Wohnblocks errichten, die auf Betonsäulen stehen, um sie vor weiteren möglichen Überschwemmungen zu schützen.

31 Floating Mosque (Masjid Terapung) ★★ [E2]

Die heute hier befindliche **Moschee** wurde 2004 kurz vor dem verheerenden **Tsunami** fertiggestellt, um eine ältere, ebenfalls am Ufer stehende Moschee zu ersetzen. Ursprünglich sollte sie 2005 eröffnet werden, doch wegen des Tsunami verschob sich der Zeitplan, sodass die Moschee offiziell erst am 16. März 2007 vom damaligen Premierminister Abdullah Ahmad Badawi eröffnet werden konnte. Rund 15 Millionen Ringgit kostete es, das Bauwerk zu errichten. Es erstreckt sich auf fast 1300 Quadratmetern und ist durch seinen eindrucksvollen Mix aus malaiischen und maurischen Elementen gekennzeichnet. Von der Moschee aus bietet sich ein **360-Grad-Blick auf das Meer.** 1500 Menschen finden hier zum Gebet Platz.

› CAT und Bus Nr. 101, 102

› Jl. Tanjung Bungah, geöffnet: außerhalb der Gebetszeiten (zum Freitagsgebet Fr 12–14.30 Uhr geschlossen), genaue Zeiten am Eingang erfragen

Strände rund um Tanjung Bungah

Tanjung Bungah verfügt über einen **kleinen Strandabschnitt**, der in der Nähe der Floating Mosque 31 liegt. Hier gibt es allerdings keine Infrastruktur. Einige große Hotels haben sich hier niedergelassen; deren Strandbereiche sind jedoch nicht öffentlich bzw. nur über das Hotel zugänglich.

Nordwestlich der Bucht schließt sich der **Miami Beach** [E2] an. Dieser Strand ist deutlich schöner als der von Tanjung Bungah. Auch hier fehlt es jedoch an Infrastruktur, allerdings halten an der Hauptstraße oft Händler, die kalte Getränke und Snacks offerieren.

041pn-fo©Lian Hock Tan

< *Die Floating Mosque mit Booten*

32 Batu Ferringhi ★★★ [D2]

Ein puderzuckerartiger Sandstrand vor dem blau-grün schimmernden Meer, Wind, der in den Palmen und Kasuarinen rauscht, Musik, Lachen, Strandhändler und ein kühler Drink – in Batu Ferringhi erlebt man das pure Urlaubsvergnügen.

Ist George Town vor allem wegen seines historischen Erbes Anziehungspunkt für Touristen, so ist die Gegend um Batu Ferringhi vorwiegend für den **Strandurlaub** bekannt. Entlang der Küste haben sich zahlreiche **internationale Hotelketten** an-

042pn-ho

gesiedelt und bieten Urlaubern den Spaß und die Erholung, die sie suchen. In den Sommermonaten, wenn es infolge des Monsuns etwas regnerischer und kühler ist, kommen seit einigen Jahren vermehrt Besucher aus den Golfstaaten hierher. Mit ihnen verändert sich das Straßenbild, denn man sieht mehr verschleierte Frauen; zugleich steigen in Taxis und an Marktständen die Preise, denn die zahlungskräftigen Araber sind eher bereit, hohe Summen zu zahlen.

Batu Ferringhi ist der ideale Ort zum **Sonnenbaden, Schwimmen** und für allerlei Arten von **Wassersport.** Das Herz des Ortes schlägt entlang der **Hauptstraße Jalan Batu Ferringhi**, an der sich auch der **Night Market (Pasar Malam)** 33 befindet. Hier haben sich ferner zahlreiche **Geschäfte, Restaurants, Hotels und Touranbieter** angesiedelt und hier tobt von frühmorgens bis spät in die Nacht das Leben.

› CAT und Bus Nr. 101, 102

Batu Ferringhi lockt mit Sonne, Sand, Meer und Wassersport

33 Night Market (Pasar Malam) ★★ [D2]

„Original copy, very cheap, latest design", so oder ähnlich lauten die Verkaufsversprechen der Händler auf dem ausgedehnten Nachtmarkt in der Jalan Batu Ferringhi.

Handtaschen, Sonnenbrillen, Uhren, Gürtel, Feuerzeuge, Parfum und alles, was das Herz sonst noch begehrt, bekommt man auf dem täglich stattfindenden Nachtmarkt. Neben allerlei Trödel für den Strand (Matten, Bälle, Schirme etc.) werden hier außerdem Spielwaren verkauft. Ferner kann man sich auf die „Jagd" nach dem einen oder anderen **Souvenir** begeben. Wer beispielsweise T-Shirts mit bunten Aufdrucken mag, wird hier garantiert fündig.

Eines ist sicher: Hier ist nichts echt; bei den **vermeintlichen Luxusartikeln** zu Schnäppchenpreisen handelt es sich ausschließlich um **Plagiate**, die mehr oder weniger gut gemacht sind und dementsprechend auch mehr oder weniger kosten. Achtung! Diese Waren sind **illegal**, man beachte unbedingt die Informationen zum Thema **Zoll** (s. S. 97).

Gleichwohl ist es ein Vergnügen, über den Markt zu schlendern und den Verkaufsgesprächen zu lauschen. Der ideale Ort für eine Pause auf einen Drink oder ein Abendessen ist der **Long Beach Food Court** (s. S. 59) gleich nebenan.

› Jl. Batu Ferringhi, zwischen Golden Sands Resort und Park Royal Resort, geöffnet: tgl. ca. 19–24 Uhr

Strand von Batu Ferringhi

Der **Strand** ist zwar feinsandig und von Kokospalmen und Kasuarinen malerisch beschattet, dennoch zählt er zugegebenermaßen nicht zu den Topstränden des Landes. Zudem ist das Wasser – so herrlich warm es auch sein mag – eher trüb: Das liegt am **sandigen Untergrund**, der durch die Nutzung von **Wassersportgeräten** von Parasailing bis Jet-Ski noch zusätzlich aufgewirbelt wird. Für Aktive ist der Strand deshalb ein Paradies, andere empfinden das Aufgebot eher als störend. Oft wird auch Treibgut angespült, was mit der geografischen Lage zusammenhängt, denn schließlich befindet sich die Insel am nördlichen Ende der **Straße von Malakka,** einer der meist befahrenen Schifffahrtsrouten der Welt.

Wem Strand und Meer also nicht zusagen, der zieht sich am besten an einen der **Hotelpools** zurück, denn schließlich stellen hier alle großen Häuser ihren Gästen gepflegte und großzügige Gartenanlagen mit Schwimmbecken zur Verfügung.

Unterkünfte

› **Annie's Homestay** $ <079> 7 Jl. Sungai Emas 3, Tel. 016 4392655, Facebook-Seite. Kleine B&B-Unterkunft mit Familienanschluss. Sehr einfach, aber funktional ausgestattete Zimmer. Der Strand ist nur wenige Gehminuten entfernt.

› **Baba Guest House** $$ <080> 52 Jl. Batu Ferringhi, Tel. 04 8811686, www.babaguesthouse.hotelspages.com. Zur Wahl stehen 22 recht kleine, einfache und saubere Zimmer nahe der Hauptstraße des Ortes. Mit WLAN.

› **DoubleTree Resort by Hilton** $$$$ <081> 56 Jl. Low Yat, Tel. 04 8908389, www.doubletree3.hilton.com. Erst im Herbst 2016 wird dieses neue, östlich von Batu Ferringhi gelegene Hotel eröffnet. So ist man nicht mittendrin, kann den lebhaften Ferienort aber in 10 Minuten per Shuttlebus erreichen. Die Zimmer sind modern und luxuriös eingerichtet, da bleiben keine Wünsche offen.

› **Ferringhi Heritage Budget Hotel** $$ <082> 7 u. 9 Lorong Sungai Emas, Tel. 04 8811699. Das Hotel befindet sich inmitten des Geschäftsbereichs von Batu Ferringhi. Es bietet ausreichend große und gepflegte Zimmer mit Klimaanlage. Der Strand ist in ca. 5 Gehminuten erreicht. Geschäfte und Restaurants befinden sich unmittelbar vor der Haustür, was manchmal die Ruhe etwas stören kann.

› **Ferringhi Inn & Cafe** $$ <083> 3 A Jl. Sungai Emas, Eden Square, Tel. 04 8819999, www.feringghiinn.blogspot.de. Einfache Zimmer, die manchmal etwas sauberer sein könnten, aber für einen Kurzaufenthalt durchaus ausreichend sind. Die Räume sind mit Klimaanlage, TV und Bad mit Dusche ausgestattet.

› **Small Boss Hotel** $$ <084> 5 Lorong Sungai Emas, Tel. 04 8851048 u. 016 4599412, 012 4541048, www.facebook.com/smallbosshotel. Im Zentrum von Batu Ferringhi zu findendes, kleines Hotel, das in einem Geschäftsgebäude nahe der Hauptstraße beherbergt ist. Die in kräftigen Farben gestalteten Zimmer sind klein, aber ordentlich und zweckmäßig. Der Strand ist nur 5 Gehminuten entfernt.

Essen und Trinken

- **Bora Bora By Sunset** [$$] <085> Lot 415, Jl. Batu Ferringhi, Tel. 04 8851313 u. 012 5531313, www.facebook.com/boraborabysunset, geöffnet: So–Do 12–1, Fr/Sa bis 3 Uhr. Der Name hält, was er verspricht: Das Lokal befindet sich direkt am Strand; der Sonnenuntergang lässt sich hier wunderbar beobachten. Die Cocktails sowie die gut gekühlten Biere und Fruchtsäfte sind ausgesprochen lecker. Auf der Speisekarte stehen verschiedene Snacks, falls man mittags am Strand oder abends beim Bier Appetit bekommt.
- **Enca Café n' Restaurant** [$$] <086> 101 A Jl. Batu Ferringhi, gegenüber vom Bayview Beach Resort, Tel. 016 4404020, geöffnet: tgl. 8.30–22 Uhr. Sehr gute indische Currygerichte, aber auch Schmackhaftes aus der westlichen Welt. Zudem kann man hier ausgezeichnet frühstücken.
- **I Love U Food Court** [$] <087> Jl. Batu Ferringhi, geöffnet: tgl. 8–24 Uhr. Auch hier gibt es alles für den großen oder kleinen Hunger nebst gut gekühltem Bier. Dieser Food Court wird vor allem von den Gästen der großen Hotels besucht, denn das Essen ist hier nicht nur preiswerter, sondern auch vielfältiger.
- **Long Beach Food Court** [$] <088> Jl. Batu Ferringhi, nahe dem Lone Pine Hotel, geöffnet: tgl. ca. 8–24 Uhr. Neben allen erdenklichen asiatischen Leckereien bekommt man hier eine Vielzahl an Gerichten aus aller Welt sowie eiskaltes Bier und köstliche Fruchtshakes. Es gilt: Je regionaler, desto günstiger sind die Speisen. Einige Garküchen bieten außerdem westliches Frühstück an.
- **Violet House Cafe** [$$] <089> 188 Sri Sayang Apartment, Tel. 04 8811209, www.facebook.com/VioletHouseCafe, geöffnet: tgl. 8–15 u. 18–22 Uhr. Vom Frühstück bis zum Abendessen kann man hier eine reiche Auswahl an malaiischen, indischen und europäischen Gerichten genießen, darunter *chicken rice,* Fischcurry und Pasta mit Garnelen.

Einkaufen

- **Kalakasi Oud Factory** <090> Ferringhi Plaza (gegenüber vom Rasa Sayang Hotel), Jl. Batu Ferringhi, Tel. 004 8811419, geöffnet: tgl. 10–20 Uhr. Das Geschäft richtet sich zwar vornehmlich an Käufer aus dem arabischen Raum, doch auch alle anderen können hier die intensiven Düfte des Nahen Ostens erleben und käuflich erwerben.

Nachtleben

- **Bay Lounge Lobby Bar** <091> im Bayview Beach Resort, Jl. Batu Ferringhi, Tel. 04 8812133, www.bayviewhotels.com/beach (unter „Wine & Dine"), geöffnet: tgl. 17–1 Uhr. Der ideale Ort für einen exotischen Drink an einem tropischen Abend, begleitet von den Klängen einer Liveband. WLAN.
- **Bora Bora By Sunset** (s. links). Hier gibt es Reggae, Jazz und aktuelle Hits vom Plattenteller, dazu werden kühle Getränke mit Meerblick serviert.
- **Feringgi Bar** <092> im Shangri-La's Rasa Sayang Resort & Spa, Rasa Wing Lobby, Jl. Batu Ferringhi, Tel. 04 8888888, www.shangri-la.com/penang/rasasayangresort/dining (unter „Bars & Lounges"), geöffnet: tgl. 17.30–1 Uhr. Gute Weine und Cocktails, Liveunterhaltung durch Bands und manchmal Karaoke. WLAN.
- **Sand Bar** <093> im Hard Rock Hotel, Jl. Batu Ferringhi, Tel. 04 8811711, http://penang.hardrockhotels.net/sandbar, geöffnet: tgl. 11–23 Uhr. Karibisches Flair mit Tiki-Hütte zwischen Hotelpool und Strand. Mit den Füßen im Sand und dem Hausdrink *sandyjager* (aus Jägermeister, Grenadine und Orangensaft) in der Hand, kann man es sich hier richtig gut gehen lassen.

› **Sigi's Bar & Grill** <094> im Golden Sands Resort by Shangri-La, Jl. Batu Ferringhi, Tel. 04 8861852, www.shangri-la.com/penang/goldensandsresort/dining (unter „Restaurants"), geöffnet: tgl. 11–24 Uhr. Strandbar des Hotels mit Snacks und Getränken, die zwischen 17 und 20 Uhr günstig zu haben sind.

34 Tropical Spice Garden ★★ [C2]

In der wunderschönen **Gartenanlage** erfährt man inmitten tropischen Grüns viel Wissenswertes über die **Flora der Region.** Im Mittelpunkt stehen die lokalen Gewürze, Kräuter und Zierpflanzen sowie deren Verarbeitung und Nutzung. Wer die Augen offenhält, kann **Tiere,** vor allem Echsen, Frösche, Insekten und Hörnchen entdecken. **Wasserläufe und Teiche** runden das Bild ab. Im Eintrittspreis ist ein **Audioguide** enthalten, täglich finden **Führungen** statt.

Jeden zweiten und vierten Samstag im Monat werden zweistündige **Nachtwanderungen (Night Walks)** veranstaltet. Neben der Flora ist dabei besonders die nachtaktive Tierwelt interessant. Wer mag, kann **Kochkurse** belegen, bei denen man mit den frisch geernteten Gewürzen landestypische Gerichte zubereitet. Im romantischen **Gartencafé** lassen sich allerlei Köstlichkeiten genießen; für daheim kann man die Gewürze im hauseigenen **Shop** erstehen.

› Bus Nr. 101, 102

› Lot 595, Mk. 2, Jl. Teluk Bahang, Tel. 04 8811797, www.tropicalspicegarden.com, geöffnet: tgl. 9–18 Uhr, Eintritt: Erw. RM 26, Kinder 4–12 Jahre RM 15, geführte Touren Erw. RM 35, Kinder RM 20 (Zeiten s. Website), Night Walks RM 80 pro Person (Reservierung über die Website)

Teluk Bahang

Der Ort, der sich im Nordwesten der Insel [B/C2–3] befindet, ist ein **kleines, fast verschlafen wirkendes Städtchen,** das von Touristen meist nur als Durchgangsort auf dem Weg von Batu Ferringhi 32 in den Süden bzw. zum Taman Negara Pulau Pinang (Penang National Park) 41 besucht wird. Der Ort selbst bietet wenig, in der näheren Umgebung findet man allerdings einige lohnenswerte Ziele. Ein wichtiger Knotenpunkt für Fahrten in den Nationalpark ist der **Bootsanleger** [B2].

› Bus Nr. 101, 102, 501

35 Craft Batik (Penang Batik Factory) ★★ [C2]

Batik ist das **klassische Kunsthandwerk** in Südostasien (s. S. 61). Ob man die bunt gemusterten Hemden, Blusen und Accessoires mag, ist Geschmackssache – die Auswahl ist hier jedenfalls ausgesprochen groß. Nicht alle Muster entsprechen dem westlichen Geschmack, aber man findet durchaus sehr schöne Motive auf Sarongs, Strandtüchern oder Tischdecken. Sehr interessant ist der **Blick hinter die Kulissen der Batikfertigung.** Hier wird anschaulich erläutert, welche Methoden der Gestaltung es gibt und wie die Muster auf die Stoffe aufgetragen werden. Zum Abschluss besucht man den angeschlossenen **Shop,** in dem man die Textilien dann kaufen kann.

Die Fabrik lässt sich sowohl im Rahmen von organisierten Touren als auch individuell besichtigen. Der Eintritt ist zwar frei, allerdings wird erwartet, dass die Besucher am Ende etwas kaufen.

› 669, Mk. 2, Jl. Teluk Bahang, Tel. 04 8851284, www.penangbatik.com.my, geöffnet: tgl. 9–17.30 Uhr, Eintritt frei

Batik – farbenfrohe Mitbringsel

Bereits seit dem 13. Jh. gibt es die Batikkunst auf Java und Sumatra (Indonesien). Von hier gelangte die Färbetechnik nach Malaysia, wo das Handwerk seither besonders an der Ostküste gepflegt wird. Beliebte Motive sind Blüten und Blätter sowie Schmetterlinge, aber auch geometrische Symbole.

Als Stoffe verwendet man Baumwolle, Leinen und Seide. Die Motive werden mittels heißem, flüssigem Wachs auf den Stoff aufgetragen. Für großflächige Muster werden häufig Batikstempel genutzt. Manchmal werden die Muster aber auch mit einem Metallstift freihand gezeichnet. Nach dem Erkalten des Wachses kommen die Stoffe in ein Färbebad, anschließend trocknen sie. Danach können weitere Teile mit Wachs abgedeckt werden, bis das endgültige Muster fertig ist. Die Färbung erfolgt immer in derselben Reihenfolge: von den hellen zu den dunklen Farben. Am Ende wird das Wachs durch Hitze oder Chemikalien entfernt.

Frauen tragen Batikstoffe z. B. als Sarong, aber auch als Abendgarderobe, während Männer Batikhemden vornehmlich bei formellen Anlässen tragen. Bei Craft Batik (Penang Batik Factory) 35 *kann man sich das Handwerk zeigen lassen und bei allen Arbeitsschritten zusehen.*

Mit dem Handstempel werden Wachsmuster auf das Tuch gedruckt

043pn-ho

36 Toy Museum Heritage Garden ★ [C2]

Hier sind **Spielzeuge** aus verschiedenen Jahrzehnten und zu verschiedensten Themen ausgestellt. Inzwischen umfasst die Sammlung über 100.000 Ausstellungsstücke und mehr als 100 lebensgroße **Wachsfiguren**, die Charaktere aus verschiedenen bekannten Filmen und Serien darstellen, von „Toy Story“ bis „Findet Nemo“. Die meisten Figuren stehen in Reih und Glied in Vitrinen, Beschreibungen sucht man meist vergeblich.

Im **Heritage Garden** gibt es viele typische Pflanzen der Region, darunter farbenprächtige Orchideen und verschiedene Arten der **Kannenpflanzen** *(Nepenthes, pitcher plants)*, die zu den insektenfressenden Pflanzen gehören.

› 1370, Mk. 2, Teluk Bahang, Tel. 012 4602096, www.toymuseum-heritagegarden.com, geöffnet: tgl. 9–18 Uhr, Eintritt: Erw. RM 16, Kinder RM 12

37 Kletterpark Escape ★★ [C3]

Wie ein Affe zwischen den Bäumen klettern, eine Seilrutsche hinabgleiten oder auf hohen Balken balancieren? Im Kletterpark Escape ist all dies möglich. Besonders **Kinder** aller Altersgruppen kommen hier auf ihre Kosten; es gibt sogar spezielle Programme, die die Jüngsten an das Klettern und die Höhe gewöhnen. Im Laufe des Jahres 2016 soll hier außerdem ein **Wasserpark** eröffnet werden, sodass man sich nach der schweißtreibenden Kletterei beim Bad erholen kann. Für eine kulinarische Pause gibt es einen **Food Court.**

› 828 Jl. Teluk Bahang, Tel. 04 8811106, www.escape.my, geöffnet: Di–So 9–18 Uhr, Eintritt: Tagesticket Erw. RM 83, Kinder RM 55

38 Entopia (Penang Butterfly Farm) ★★★ [C3]

Bunte Schmetterlinge verschiedenster Arten tanzen durch die Luft und setzen herrliche Farbakzente im saftigen Grün der Pflanzen.

Schon seit 1986 beherbergt der kleine Park mehrere Tausend Schmetterlinge von mehr als 120 Arten. Überall finden die Tiere Nahrungsstellen und Plätze, an denen sie ihre Eier ablegen können. Die **Larven** werden dann eingesammelt und in speziellen Kästen „ausgebrütet“, sodass eine möglichst große Population entsteht, die man sowohl zu wissenschaftlichen Zwecken nutzt als auch zur Auswilderung. Hier leben u. a. der als gefährdet eingestufte **Helena-Vogelfalter** *(Troides helena, common birdwing)* und der 1855 auf Borneo entdeckte **Raja-Brooke-Vogelfalter** *(Trogonoptera brookiana, Rajah Brooke's birdwing).*

Die Anlage ist in Form eines Spazierwegs durch den Wald konzipiert, besitzt **Ruhezonen** und **Wasserflächen** und ist vor allem mit einem **riesigen Netz** überdeckt. Mithilfe dieses Netzes wird das Sonnenlicht gefiltert, die Tiere können nicht entkommen und kein Fressfeind kann eindringen. Zum Gelände gehört außerdem ein **Insektarium,** in dem eine Vielzahl tropischer Käfer und anderer Insekten gezeigt wird.

Derzeit ist der Park noch **wegen Renovierung geschlossen.** Er wird **voraussichtlich im Herbst 2016** als Entopia neu eröffnet, sodass die genannten Preise und Zeiten nur als Richtschnur dienen.

› 830 Jl. Teluk Awak, Tel. 04 8888111, www.entopia.com, geöffnet: tgl. 9–20 Uhr (Ticketschalter schließt um 18 Uhr), Eintritt: Erw. RM 49, Kinder 4–12 Jahre RM 29

(39) Taman Rimba Teluk Bahang ★ [C3]

Dieser **kleine Naturpark** lädt auf **betonierten Wanderwegen** zur Erkundung des Dschungels rund um verschiedene **Wasserstellen** ein. Hier kann man **baden**, denn das Wasser ist vergleichsweise klar und kühl, weil es aus kleinen Wasserfällen gespeist wird. Auf zahlreichen zusätzlichen Waldwegen kann man, entsprechend der individuellen Fitness, bis zu den **Gipfeln** oberhalb von Teluk Bahang steigen.

Ein kleines **Waldmuseum** (Museum Perhutanan Hutan Lipur Teluk Bahang bzw. Forestry Museum) macht den Besucher mit der Ökologie des Regenwaldes vertraut und stellt verschiedene Tier- und Pflanzenarten vor, die man mit etwas Glück auch unterwegs entdecken kann.

› erreichbar über Jl. Teluk Bahang, Abzweig Lorong Rimba, Tel. 04 8852388 u. 04 8851280, geöffnet: der Park ist täglich frei zugänglich, Museum Sa–Do 9–17, Fr 9–12 u. 14.45–17 Uhr, Eintritt frei

(40) Stausee am Teluk Bahang Dam ★ [C3]

Der Staudamm südlich von Teluk Bahang wurde 1999 zum Zwecke der **Wasserversorgung** als Alternative zu dem bis dato genutzten Air Itam Dam und dem Wasserfall der Penang Botanic Gardens (28) fertiggestellt. In dem knapp 60 Meter breiten und etwa 685 Meter langen Staugewässer, dessen Staumauer 12 Meter misst, **darf nicht gebadet werden.** Das Gebiet ist zwar nicht für touristische Zwecke gedacht, bietet aber einen **herrlichen Blick** über die schöne, zum Teil dicht bewaldete Hügellandschaft. Wenn man von der Nordküste zur Tropical Fruit Farm (42) oder nach Balik Pulau (44) unterwegs ist, fährt man unmittelbar am Wasser entlang. Der Stausee ist einmal im Jahr Austragungsort des **Penang International Dragon Boat Festival** (s. S. 83).

› am besten mit Taxi oder Mietwagen erreichbar, alternativ mit Bus Nr. 501

(41) Taman Negara Pulau Pinang (Penang National Park) ★★★ [B3]

Tropischer Regenwald, wie man ihn sich vorstellt, Affen, Greifvögel und drückende Hitze – im Nationalpark der Insel kann man sich ein wenig wie Indiana Jones fühlen und nach einer anstrengenden Dschungeltour zur Belohnung ein erfrischendes Bad im Meer nehmen.

Der **Nationalpark** liegt im **Nordwesten der Insel**, besitzt eine Größe von mehr als 1200 Hektar und schließt auch Teile der **küstennahen Gewässer** mit ein. Ursprünglich war das Areal als Pantai Aceh Forest Reserve bekannt, wurde dann aber 2003 offiziell zum Nationalpark erklärt.

Erwähnenswert ist insbesondere die große Pflanzenvielfalt: Angefangen beim **tropischen Regenwald** (allerdings fast ausschließlich Sekundärwald, der dichter als Primärwald ist) über die **Mangrovenwälder** (s. S. 102) bis hin zur Flora des Strandes findet man hier **über 1000 Pflanzenarten.**

Im Park leben beispielsweise die insektenfressenden **Kannenpflanzen** *(Nepenthes, pitcher plants)*, die an ihren Blättern große, kannenartige Kelche besitzen, in denen sich Verdauungsflüssigkeit befindet. Diese zersetzt hineingerutschte Insekten und lässt die Nährstoffe der Pflanze zukommen.

Die Fauna ist jedoch nicht minder vielfältig: Immerhin knapp **150 Tierarten** konnten bisher gezählt werden. Dazu gehören Delfine, Otter, Seeschildkröten, Affen, darunter natürlich Javaneraffen *(long-tailed macaque)*, Haubenlanguren *(silvered leaf monkey)* und gelegentlich Brillenlanguren (*dusky leaf monkey*), Seeadler, Brahminenweihen (eine Greifvogelart), Eisvögel sowie Wildschweine, Zibetkatzen, Hirschferkel der Gattung Kantschil *(mouse-deer)*, Fledermäuse, Binden- und Bengalenwarane, diverse Schlangenarten und natürlich das gesamte Spektrum der Insektenwelt. Am Strand **Pantai Kerachut** [A3] legen Meeresschildkröten ihre Eier ab; hier gibt es eine **Aufzuchtstation**, die sich besichtigen lässt.

Nie wird man alle Arten auf einmal sehen, das wäre zu viel erwartet. Ganz sicher begegnet man jedoch einer Vielzahl von Insekten, vor allem den oft störenden Mücken, und hört die Zikaden laut im Chor surren. Auf eine wahre **Geduldsprobe** stellen den Besucher allerdings die neugierigen **Javaneraffen**, die erstens keinerlei Scheu vor dem Menschen haben und zweitens ganz genau wissen, dass in Taschen, Rucksäcken oder Tüten stets etwas Interessantes, möglicherweise sogar etwas Essbares, zu finden ist. So kommt es immer wieder vor, dass die Tiere sich an abgelegten Taschen zu schaffen machen, Dinge direkt aus der Hand stehlen oder Brillen von der Nase klauben. Das mag zunächst niedlich klingen, wird aber zum Problem, wenn die Tiere mit lautem Gekreisch und gefletschten Zähnen angerannt kommen. Deshalb sollte man den Affen unbedingt fernbleiben und kein Essen in der Hand halten. Wenn sich die Tiere nähern, heißt es: sofort den **Rückzug** antreten. Die Affen beißen nämlich manchmal und übertragen im schlimmsten Fall sogar Tollwut.

Der Nationalpark lässt sich gut **zu Fuß erkunden**; einzelne Orte erreicht man zudem mit dem **Boot** vom Meer aus. Der **Bootsanleger** [B2] befindet sich in Teluk Bahang in der Nähe des Parkeingangs.

Will man nur einen kurzen Einblick in das Ökosystem erhalten, ist der sogenannte **Canopy Walkway** ideal, eine Art Hängebrücke zwischen den Bäumen. Diese ist etwa einen Kilometer vom Registrierungsbüro entfernt. Hier erhält man in ca. 15 Metern Höhe auf einem etwa 250 Meter langen, schwankenden Weg, gesichert von Netzen, einen spannenden Einblick in die unteren Baumwipfel.

Möchte man den Regenwald intensiver erleben, kann man auch auf einem der **Dschungelpfade** *(tracks)* durch den Regenwald wandern. Alle Pfade beginnen am Zugang zum Park und verzweigen sich im weiteren Verlauf. Alle Details kann man der **Schautafel** am Registrierungsbüro entnehmen. Besonders beliebt ist der Weg zum **Monkey Beach** [B2],

044pn-ho

Grüne Meeresschildkröte

Haubenlanguren zählen zu den Baumbewohnern im Nationalpark 41

EXTRAINFO

Dschungelwandern im Nationalpark

Für eine Trekkingtour im **Taman Negara Pulau Pinang (Penang National Park)** 41 (s. Wanderung 3 auf S. 78) gilt es, einige Tipps zu beherzigen:

Zunächst einmal sollte man sich bewusst machen, dass eine Dschungelwanderung durchaus anstrengend ist. Bei rund 30 °C und 92 bis 98 % **Luftfeuchtigkeit** gilt es, Steigungen, matschige Pfade, das Klettern über Baumwurzeln und ähnliche Anstrengungen zu bewältigen. Der Schweiß rinnt in Strömen über Gesicht und Körper und überall surren die Mücken. Deshalb ist es essentiell, die eigene **Fitness** im Vorfeld korrekt einzuschätzen.

Man sollte auch den **Rückweg** einkalkulieren, denn bei Abbruch einer Tour muss man erst zum Eingang des Parks zurückwandern. Außerdem sollte man nicht direkt nach der Ankunft in den Tropen zu einer Dschungeltour aufbrechen, sondern sich erst ein paar Tage zur **Gewöhnung an die klimatischen Verhältnisse** gönnen.

Feste Schuhe mit rutschfester Sohle sind ratsam, Trekkingsandalen sind ebenfalls geeignet, sofern sie fest am Fuß sitzen. Lange oder kurze Hosen und Shirts sind Geschmackssache, grundsätzlich gilt jedoch: Je weniger Haut frei liegt, desto weniger können die Mücken stechen. Trotzdem ist ein **Insektenschutzmittel** empfehlenswert, ebenso wie **Sonnenschutz,** auch wenn dieser im Wald nur stellenweise wichtig ist. Bei Regen leistet ein Poncho gute Dienste.

Langsames und achtsames Gehen ist stets angebracht. Zwar lauern nicht überall giftige Schlangen, Spinnen oder Skorpione, aber auch die gibt es – und zwar sehr gut getarnt. Mitunter beißen selbst Ameisen schmerzhaft zu. Und die langen Dornen der Rattanpalmen können die Haut ritzen oder sich darin verhaken. **Pflaster und Wunddesinfektion** sollte man daher immer zur Hand haben, denn auch kleinste Verletzungen entzünden sich im feucht-warmen Klima schnell.

Je nach Dauer der Wanderung sollte man etwas zu **essen** und auf jeden Fall **reichlich Wasser** mitnehmen. Ideal ist ein **kleiner Rucksack,** in dem man auch Wertsachen und Kamera sowie eventuell Handtuch und Badezeug unterbringen kann.

Wer nicht alleine aufbrechen will, kann sich einer **geführten Tour** anschließen, wie sie z. B. am Bootsanleger [B2] in Teluk Bahang angeboten wird. Bei **Penang Global Tourism** (s. S. 119) erhält man Broschüren von Veranstaltern; auch in vielen Unterkünften sind Touren buchbar.

045pn-ho

auf malaiisch **Teluk Duyung** (s. Wanderung 3 auf S. 78). Nicht weit entfernt vom Monkey Beach steht das 1883 erbaute **Muka Head Lighthouse.** Der Leuchtturm selbst ist zwar nicht zugänglich, dennoch eröffnet sich von der Anhöhe eine **tolle Aussicht** über die Küste.

› Bus Nr. 101, 102, 501

› **Registrierungsbüro Penang National Park** <095> Jl. Hassan Abbas, Teluk Bahang, Tel. 04 8813500, www.wildlife.gov.my (unter „Ecotourism"/„Penang National Park" ganz am Ende), geöffnet: Registrierungsbüro tgl. 8–17 Uhr, der Park selbst ist jederzeit frei zugänglich, Eintritt zum Park frei. Eintritt Canopy Walkway: RM 10, Kinder RM 8. Die Tickets muss man bei der Registrierung kaufen. Boote zum Monkey Beach und zur Schildkrötenstation kosten ca. RM 80–120.

› **Schildkrötenstation am Pantai Kerachut,** geöffnet: tgl. 10–13 u. 14–16.30 Uhr, Eintritt frei

Strände im Taman Negara Pulau Pinang

Der **Teluk Bahang Beach** [B2] besitzt zwar eine gewisse „Am-Ende-der-Welt"-Atmosphäre, zugleich ist aber die Nähe zum Bootsanleger spürbar, da immer wieder Motoren tuckern und leider häufig Müll angespült wird. Westlich schließt sich der Strand **Teluk Ailing** an; hier befindet sich eine Forschungsstation zur Untersuchung der Mangrovenwälder (s. S. 103).

Der bereits erwähnte **Monkey Beach (Teluk Duyung)** weiter westlich gilt als einer der schönsten Strände der Insel – hier kann man ganz wunderbar baden. Dies ist leider allgemein bekannt, sodass vor allem an den Wochenenden viele Menschen hierher strömen, die meisten per Boot. Händler bieten Snacks und Getränke an, leider hapert es manchmal mit der Müllentsorgung. Wem es am Monkey Beach zu trubelig ist, der wandert am Strand entlang wei-

083pn-dt©EternalagOny

ter nach **Nordwesten** zum **äußersten Zipfel** – hier ist es deutlich ruhiger.

Auf dem Gebiet des Nationalparks gibt es jedoch noch weitere Strände. Dazu zählt etwa der etwas grobkörnige **Pantai Kerachut** [A3], der weniger für seine Strandidylle als vielmehr als Eiablageplatz der **Grünen Meeresschildkröte** bekannt ist (Achtung! Schildkröten stehen unter **Artenschutz**, s. S. 103). **Teluk Kampi** [A3] ist der längste und abgelegenste Strand im Nationalpark. Hier kann man noch einige Relikte aus dem Zweiten Weltkrieg erkennen, etwa Schützengräben, die früher als Befestigungsanlage der Japaner dienten.

42 Tropical Fruit Farm ★★★ [C4]

Frische Mango, Papaya und Rambutan direkt vom Baum – und zur Saison auch Durian: Hier kann man die ganze Welt der tropischen Früchte erleben und alle Leckereien frisch gepflückt probieren.

Auf einer Höhe von gut 240 Metern über dem Meerspiegel erstreckt sich das Gelände dieser riesigen **Obstplantage**, auf der etwa 250 verschiedene Früchte der Tropen und Subtropen angebaut werden (s. Exkurs auf S. 87). Hier ist es nicht so heiß wie auf Meereshöhe und gleichzeitig feuchter – ideale Bedingungen für den Anbau.

Im **Besucherzentrum** gibt es einen **kleinen Markt**, auf dem man neben ganzen Früchten auch aufgeschnittenes Obst und frische Fruchtsäfte genießen kann. Mit Pick-ups oder SUVs geht es von hier in die Plantage, wo **erfahrene Guides** erklären, welche Früchte hier wachsen und wie sie geerntet und zubereitet werden. Die geführten Touren finden auf Englisch statt. Wer mag, kann zusätzlich im Rahmen eines Mittag- oder Abendessens an einem **Barbecue** teilnehmen.

› Bus Nr. 501
› Batu 18, Jl. Teluk Bahang, Tel. 04 2276223 u. Tel. 04 8665168, www.tropicalfruitfarm.com.my, geöffnet: tgl. 9–17 Uhr, Eintritt: Fruit Tasting ab RM 10 pro Teller, Tour Erw. RM 40, Kinder 5–12 J. RM 30 (Dauer: ca. 30 Min.), Tour und Lunch Erw. RM 75, Kinder RM 55, Tour und Dinner RM 100, Kinder RM 80. Für Lunch- und Dinner-Barbecue ist eine Vorabbuchung notwendig.

43 Air Terjun Titi Kerawang ★ [C4]

Auf dem Weg zwischen Teluk Bahang und Balik Pulau 44 kommt man automatisch an diesem **Wasserfall** (malaiisch: *air terjun*) vorbei. Falls es in den letzten Tagen geregnet hat, lohnt der Weg dorthin in jedem Fall, da der Wasserfall dann reichlich Wasser führt. Ist es längere Zeit trocken gewesen, bleibt manchmal nur ein Rinnsal. Es lohnt sich, ein **Handtuch** mitzunehmen, denn das **erfrischend kühle Wasser** lädt zu einem Bad ein. Aber Achtung: Die **Felsen** sind **glitschig!**

› **Anfahrt:** Man erreicht den Wasserfall über die Jl. Teluk Bahang (Highway 6). Etwa auf halber Strecke zwischen Teluk Bahang und Balik Pulau steht in einer scharfen Linkskurve das Hinweisschild zum Wasserfall. Von hier sind es noch etwa 100 m zu Fuß in den Wald. Es gibt dort keine Bushaltestelle, manche Busfahrer lassen Touristen aber am Wasserfall aussteigen (Nr. 501).

◁ Idylle am Monkey Beach, der zu Fuß oder per Boot erreichbar ist

Der Süden und Südosten

Teils urtümlich, teils supermodern – so zeigt sich der Süden und Südosten Penangs. Neben religiösen Bauten, Museen und Kulturdenkmälern findet man hier vorwiegend Geschäftshäuser und Fabriken. Auch der internationale Flughafen ist hier entstanden. Vor allem in der Distrikthauptstadt Bayan Lepas hat sich die Industrie angesiedelt und es entstehen immer mehr teure Eigentumswohnungen. Von den beiden Brücken, welche die Insel ans Festland anschließen, führen mehrspurige Schnellstraßen nach George Town und verbinden den Flughafen mit der Hotelzone in Batu Ferringhi.

44 Balik Pulau ★★ [C6]

Der malaiische Name heißt übersetzt **„Die andere Seite der Insel"**. Die chinesischen Bewohner nennen den Ort, oder vielmehr den Distrikt, **„Insel hinter dem Hügel"**. Beide Bezeichnungen nehmen nicht nur Bezug auf die geografische Lage im äußersten Südwesten Penangs, fernab von der Geschäftigkeit in George Town und Batu Ferringhi 32, sondern auch auf die Lebenssituation der Bewohner.

„Die andere Seite der Insel" ist zwar nicht abgeschieden im Sinne von rückständig, aber im Vergleich zu George Town ticken die Uhren hier doch etwas langsamer. **Ländliches Leben** prägt die Region. Hier gibt es viele landwirtschaftliche Nutzflächen für den Anbau der verschiedensten Früchte, darunter Durian, Muskatnuss, Gewürznelke und Kokosnuss. Die Gegend wurde etwa zum Ende des 18. Jh. und zu Beginn des 19. Jh. **besiedelt.** Damals flohen Menschen beispielsweise aus Indonesien und aus dem südlichen Siam (z. B. Hakka von der Insel Phuket) aufgrund von kriegerischen Auseinandersetzungen. Als Arbeiter auf Kautschuk- und Kokosplantagen kamen zudem Chinesen und Tamilen hierher. Während des Zweiten Weltkriegs flohen ferner zahlreiche Chinesen aus George Town vor den Bombardierungen und den Japanern in die damals sehr entlegene Gegend.

046pn-ho

Die ersten Siedler ließen sich in sogenannten **Kongsi-Langhäusern** (zum Begriff des Kongsi: s. S. 31) nieder. Dabei handelt es sich um langgestreckte hölzerne Gebäude, die mit **„atap“**, einem Flechtmaterial aus Nipapalmen, gedeckt waren und jeweils einen Clan beherbergten. Im Verlauf der Jahre brachen immer wieder Feuer aus, sodass man im frühen 19. Jh. dazu überging, Häuser aus Stein im klassisch chinesischen **Shophouse-Stil** (s. S. 30) zu bauen.

An der Kreuzung von Jalan Besar, Jalan Sungai Pinang und Jalan Genting befindet sich ein kleiner **Kreisverkehr (Roundabout).** Seit dem 18. Jh. gibt es hier einen **Brunnen,** der früher genutzt wurde, um Pferde und Elefanten zu tränken. 1895 spendete der reiche Bauer Koh Seang Tatt ein Denkmal, um an den Besuch des Gouverneurs Sir Frederick Weld zu erinnern. Seitdem strömt das Wasser aus zwei **Löwenköpfen.** Gemäß einer lokalen Sage soll Balik Pulau angeblich so lange florieren, wie Wasser aus dem Brunnen kommt. Sie gründet wahrscheinlich darauf, dass der Brunnen einst von einer Quelle in den Hügeln gespeist wurde. Heute ist er allerdings an die öffentliche Wasserversorgung angeschlossen.

› Bus Nr. 401, 401E, 501

45 Wet Market und Pasar Tani ★★★ [D6]

Sämtliche Köstlichkeiten der Tropen vereint unter einem Dach: Wer auf der Suche nach einem authentischen Markterlebnis ist, der ist hier genau richtig.

◁ *Buntes Treiben auf dem Wet Market in Balik Pulau*

Ein *wet market* zeichnet sich dadurch aus, dass hier vor allem **Frischwaren** verkauft werden. Hier geht es meist im wahrsten Sinne des Wortes „nass“ zu, denn auf dem Boden sammeln sich alle Arten von Flüssigkeiten – dichtes Schuhwerk ist deshalb empfehlenswert.

Bereits seit 1904 werden hier täglich allerlei durch Ackerbau, Viehzucht und Fischfang gewonnene Waren verkauft. 2014 strukturierte man den Markt um. Ein großer **Parkplatz** entstand und die Markthändler zogen in das neue **Marktgebäude,** das auf dem bisher offenen Platz erbaut wurde. Hier werden nun alle Früchte der Region – von frisch bis kandiert –, köstliche Säfte und zahlreiche andere landwirtschaftliche Produkte verkauft. Vor dem Markt gibt es eine Vielzahl von **Food Stalls** – bei Kaffee, Tee oder kleinen Snacks kann man dem geschäftigen Trubel ausgezeichnet zusehen.

Jeden **Sonntag** wird der Parkplatz gesperrt. Dann verkaufen die Händler dort auf dem traditionellen **Pasar Tani** (malaiisch „Bauernmarkt“) Fisch, Fleisch und vieles mehr.

› Jl. Tun Sardon, geöffnet: Wet Market tgl. 6–18 Uhr, Pasar Tani So 8–12 Uhr, Eintritt frei

46 Church in the Holy Name of Jesus ★★ [C6]

An der Stelle, an der heute diese sehenswerte **katholische Kirche** steht, befand sich schon 1845 ein Atap-Gebäude, in dem damals Gottesdienste gefeiert wurden (*atap* ist die Bezeichnung für traditionelle, mit Palmwedeln gedeckte Häuser). Mit der wachsenden katholischen Bevölkerung in der Gegend, vor allem durch eingewanderte **Hakka-Chinesen,** wurde der Bau einer steinernen Kirche notwendig, denn bereits 1897 zählte man hier knapp 300 Katholiken.

Die Töchter und Söhne der Farmer sowie Waisen wurden von Nonnen im **benachbarten Konvent** unterrichtet, das heute als Sekolah Menengah Jenis Kebangsaan (kurz SMJK) Sacred Heart bekannt ist. Die Klassen waren nach Geschlechtern getrennt. Die Jungenschule, die zunächst als St. Antony's bekannt war, zog 1936 als St. George auf die gegenüberliegende Straßenseite.

Zum Bau des Gotteshauses nutzte man teilweise sogar Materialien, die eigens aus Europa herangeschafft wurden. Beispiele hierfür sind die wundervoll bemalten **Fenster** und die **Glocke**, die in Frankreich hergestellt wurde und erstmalig 1917 im Glockenturm (der nicht besichtigt werden kann) erklang.

› Jl. Besar, Tel. 04 8668545, geöffnet: Mo–Fr 9–18 Uhr. Während des Gottesdienstes (Di 7, Mi/Do 20, Fr 18.30, Sa 19, So 10.30 Uhr) lässt sich die Kirche nicht besichtigen.

› **Nan Guang Coffee Shop** $ <096>
20 Jl. Besar, geöffnet: tgl. 8–20 Uhr. An diesem Ort sind zahlreiche Food Stalls zusammengefasst. Bei Kim's Laksa schmeckt die inseltypische Nudelsuppe besonders gut.

47 Xuan Wu Temple ★★ [C6]

Hinter der St.-George-Schule führt ein schmaler Weg von der Hauptstraße zum **chinesischen Tempel**, der hier um das Jahr 1800 erbaut wurde. Alle chinesischstämmigen Einwanderergruppen der Gegend von den Hokkien bis zu den Teochew finden hier einen Ort des Gebets. Der Tempel ist zudem unter dem Namen **Hean Boo Suah** bekannt. **Xuan Wu**, auch als Dunkler oder Wahrer Krieger bezeichnet, wird im Taoismus als Gottheit der Heilung und des Exorzismus verehrt.

Das Tempelgebäude wurde in **klassischer Bauweise** errichtet; es symbolisiert einen **Drachen:** Das Dach bildet den Kopf, der Tempel selbst den Körper, die seitlichen Gebäude stehen für die Vorderfüße und der Boden davor für die Hinterfüße. Am Eingang hängt eine große **Glocke**, die hier 1895 aufgehängt wurde und von zwei **Tierskulpturen**, den Qi Lin (auch Qilin), bewacht wird. Der Qui Lin ist auch als chinesisches Einhorn bekannt, das u. a. Attribute eines Huftiers, eines Löwen und eines Drachen aufweist. Zwischen Mai und Juli werden im Xuan Wu Temple **chinesische Opern** aufgeführt.

› Seitenstraße der Jl. Besar, geöffnet: tgl. von Sonnenauf- bis Sonnenuntergang, Eintritt frei

48 Penang War Museum ★★ [E9]

In den 1930er-Jahren bauten die **Briten** in den Hügel im Südosten Penangs **festungsähnliche Stützpunkte** aus, um gegen eine mögliche Invasion durch **japanische Truppen** geschützt zu sein. Zu einer solchen Landung an der Küste ist es dann aber nie gekommen, da die Japaner Südostasien quasi im Handumdrehen von Nord nach Süd eroberten, indem sie zunächst Thailand besetzten, dann Städte im damaligen Malaya bombardierten und schließlich binnen weniger Wochen über den Landweg auch Singapur einnahmen. Diese Strategie führte dazu, dass Penang überhaupt nicht verteidigt wurde, sondern die Truppen sich vielmehr nach Singapur zurückzogen, um zumindest diese Insel zu halten. Die Japaner besetzten Penang also nahezu kampflos und nutzten die gut ausgebauten Befestigungen der Briten selbst als Stützpunkt und Gefängnis. Wie überall in den besetzten Gebieten kam es auch hier zu Grausamkeiten gegenüber den Gefangenen.

Nach dem Krieg verfiel das Gelände zusehends, da niemand mehr Interesse an den Stellungen hatte. Etwa 30 Jahre später, also in den 1980er-Jahren entwickelte sich die Idee, hier ein **Museum** zu errichten, um einerseits an die Zustände im Krieg zu erinnern und zugleich der jungen Generation die Möglichkeit zu bieten, gewissermaßen „aus erster Hand“ etwas über die Geschichte zu erfahren. So sind heute noch zahlreiche **Schützengräben, Bunker, Geschützstellungen** und **Wohneinheiten** erhalten. Viele **Dokumente und Fotos** runden den Gesamteindruck ab. Wer es gruselig mag, kann an den angebotenen **Nachtführungen** teilnehmen.

› Bus Nr. 302, 305
› Lot 1350, Mk. 12, Batu Maung, Tel. 04 6265142, geöffnet: tgl. 9–18 Uhr, Eintritt: RM 30, Kinder RM 15, Nachtführungen RM 49

49 Penang Aquarium ★★ [E9]

Das Aquarium bietet einen Einblick in die **Unterwasserwelt** der Meere rund um Penang sowie in Flüsse und stehende Gewässer Südostasiens. Mithilfe von teilweise sehr informativen **Tafeln mit Texten und Bildern** wird dem Besucher das Ökosystem Meer bzw. Süßwasser nahegebracht.

In verschiedenen **Wasserbecken** lassen sich die unterschiedlichsten Lebewesen der Unterwasserwelt betrachten und erleben; darunter finden sich runde Schauaquarien, und nach oben offene Becken, zum Teil als **Touch Pool** (hier kann man die Tiere sogar berühren). Selbstverständlich gehören Anemonenfische („Nemo“) sowie diverse **Meeresschildkröten,** Quallen, Seepferdchen und Haie zu den Bewohnern des Aquariums.

Einen Blick lohnt aber auch das **Skelett eines Wals,** der im Jahr 2011 bei Penang angespült wurde.

› Bus Nr. 302
› **Akuarium Tunku Abdul Rahman,** Jl. Batu Maung, Tel. 04 6263925, Facebook-Seite, geöffnet: tgl. außer Mi 10–17 Uhr, Eintritt: RM 7, Kinder RM 2

50 Snake Temple (Chor Soo Kong Temple) ★★★ [E8]

Die leuchtend grünen, hochgiftigen Tempelottern, die man wegen ihres deutlich abgesetzten, fast dreieckigen Kopfes auch als Lanzenottern bezeichnet, haben diesen Tempel berühmt gemacht. Der betörende Rauch der Räucherstäbchen wabert durch die Luft, während man auf Entdeckungstour geht.

Der Legende nach gewährte der im 11. Jh. in China lebende buddhistische Mönch **Chor Soo Kong** einst den Schlangen aus den umliegenden Hügeln Unterschlupf in seinem Tempel. Auf Penang errichtete man ihm zu Ehren den Chor Soo Kong Temple, besser bekannt unter seinem Zweitnamen Snake Temple. Der Bau begann um 1850, nachdem David Brown, ein Schotte, der angeblich durch die spirituelle Macht einer Statue Chor Soo Kongs von einer lebensbedrohlichen Erkrankung geheilt wurde, aus Dankbarkeit eine großzügige Spende gegeben hatte. Der Tempel wurde rasch von zahlreichen Giftschlangen der Gattung *Tropidolaemus wagleri* (**Waglers Lanzenotter**) bevölkert.

Die meisten Touristen strömen heute wegen der **Schlangen** hierher.

047pn-ho

Allerdings sind diese mittlerweile recht selten und außerdem übersieht man sie leicht. Häufig liegen sie träge auf eigens aufgestellten **Gestellen** im Gebetsraum oder in dunklen Ecken am Boden. Also gilt es, den Tempel mit einem wachsamen Auge zu betreten. Die Tempelottern sind zwar giftig, allerdings sind sie **nicht aggressiv**, so dass man bisher von keinem Biss gehört hat. Hinter dem Tempel gibt es eine **Aufzuchtstation (Hatchery)** für Schlangen. Hier findet man zahlreiche Exemplare unterschiedlichsten Alters, mit denen man sich zum Teil **gegen Gebühr fotografieren** lassen kann.

Über **Treppen** gelangt man in einen **Gartenbereich.** Wer genau hinschaut, entdeckt in den Ästen der Bäume weitere Schlangen. Im Grün der Blätter fallen diese aber kaum auf; hier sind sie bestens getarnt.

Neben den Schlangen lohnt auch ein Blick auf die **prächtige Ausstattung** des Tempels. Bereits am Eingang werden Besucher von **steinernen Tempellöwen** begrüßt, die zugleich den Eingang bewachen. Hier lockt außerdem eine etwa 300 kg schwere **Glocke** aus der Zeit der Quing-Dynastie (auch Mandschu-Dynastie), die 1886 aufgestellt wurde. An jedem ersten und 15. Tag des Monats wird sie geläutet, um der Verstorbenen zu gedenken.

Anlässlich des Geburtstags von Chor Soo Kong findet jedes Jahr im Februar ein **Tempelfest** statt (Snake Temple Celebration, s. S. 83).

› Bus Nr. 102, 305, 306, 401, 401E
› Jl. Sultan Azlan Shah, Abzweig Jl. Tokong Ular, Bayan Lepas, Tel. 04 6437273, geöffnet: tgl. 6–19 Uhr, Eintritt frei, in der Hatchery werden manchmal RM 5 verlangt

Achtung, giftig! Im berühmten Snake Temple (50) sind die Waglers Lanzenottern zu Hause.

PENANG AKTIV

048pn-ho

Baden

Penang ist zwar eine tropische Insel, allerdings sind die Strände hier – anders als man es vielleicht erwartet – erstens rar und zweitens zählen sie nicht unbedingt zu den schönsten im Land. Dass Penang nur über **wenige Strände** verfügt, liegt u. a. daran, dass in vielen Küstenbereichen nach wie vor die ökologisch wichtigen **Mangrovenwälder** (s. S. 102) wachsen.

Die Inselhauptstadt **George Town** besitzt **keinen Strand.** Will man sich am Meer in die Sonne legen, muss man mindestens bis zur Bucht **Tanjung Bungah** [E2] im Norden Penangs fahren. Unterhalb der **Floating Mosque** 31 gibt es, je nach Gezeitensituation, einen kleinen, flach auslaufenden Strand.

Noch schmaler, dafür aber langgestreckter ist der sogenannte **Miami Beach** [E2] an der Küste unterhalb des Hotels DoubleTree (s. S. 58) westlich von Tanjung Bungah. Hier hält auch direkt der Bus Nr. 101. Leider gibt es dort, vom Hotel abgesehen, außer einem manchmal an der Straße wartenden Händler **keine Infrastruktur.**

Ganz anders ist die Situation in **Batu Ferringhi** 32, dem **Badeort der Insel**, der sich an der Nordküste weiter westlich erstreckt. Hier findet man einen langen, palmengesäumten und von Kasuarinen beschatteten Strand, an dem die großen Hotels stehen und eine gut ausgebaute Infrastruktur mit Strandbars, Kiosken, Toiletten etc. vorhanden ist. Der **Sand** ist hell und feinkörnig, das **Wasser** warm und leider – wie überall auf der Insel – etwas trüb.

Auch rund um den Ort **Teluk Bahang** [B–C2–3] finden sich einige Badestrände. Vom Mutiara Beach Resort erstreckt sich ein langer Strandabschnitt gen Osten, westlich von Teluk Bahang beginnt der **Taman Negara Pulau Pinang (Penang National Park)** 41 mit weiteren Stränden. Ausgesprochen schön, allerdings nur nach einem längeren Fußweg oder mit dem Boot erreichbar ist der **Monkey Beach (Teluk Duyung)** [B2]. Daneben kann man zum knapp vier Kilometer entfernten **Pantai Kerachut** oder zum gut sieben Kilometer entfernten **Teluk Kampi** [beide A3] wandern (s. Wanderung 3 S. 78).

Wie schon erwähnt, ist das Wasser vor den Küsten Penangs **vergleichsweise trüb.** Dies steht nicht zwangsläufig mit einer schlechten Wasserqualität in Zusammenhang, sondern ist vorwiegend auf den **sandigen Untergrund** zurückzuführen, der außerdem immer wieder durch **Wassersportgeräte** wie Jet-Skis und Motorboote aufgewirbelt wird, wie sie vor allem in Batu Ferringhi zu finden sind. Andererseits liegt Penang inmitten einer der **meist genutzten Schifffahrtswege** der Welt, der **Straße von Malakka.** Dadurch gelangen auch Abfälle und Öl ins Wasser, die sich negativ auf die Wasserqualität auswirken.

Mit der Regenzeit in den Sommermonaten ist mitunter das Vorkommen von **Quallen** ein Problem. Dafür ist die **Wassertemperatur** ganzjährig badetauglich; in den Sommermonaten wird es sogar beinahe etwas zu warm, also gute 28 °C.

◁ Vorseite: Wassersportler kommen in Batu Ferringhi 32 auf ihre Kosten, hier zum Beispiel beim Jet-Ski

Wassersport

Tauchen und Schnorcheln

Wegen des recht **trüben Wassers** bieten sich auf Penang weder Tauchen noch Schnorcheln an. Wer unbedingt von hier aus tauchen möchte, kann dies über das **Seamonkey Dive Center** organisieren. Dieser Veranstalter bietet Tauchexkursionen in ganz Malaysia an, darunter auch im Pulau Payar Marine Park, der zu den **Langkawi-Inseln** nördlich von Penang gehört. Hier kann man hervorragend schnorcheln.

› **Seamonkey Dive Center** <097> im Permata Sports Complex, Paya Terubon, Air Itam, www.seamonkeydiver.com

Surfen, Kitesurfen und Wellenreiten

In **Tanjung Bungah** [E2] und **Batu Ferringhi** 32 sieht man manchmal Surfer oder Kitesurfer, die allerdings ihre gesamte Ausrüstung selbst mitbringen. Der Wind und damit auch die Wellen sind im Normalfall nicht stark und konstant genug, sodass dieser Sport ein **mühsames** und wohl auch **frustrierendes Unterfangen** ist.

Jet-Ski, Parasailing und andere Funsportarten

Vor allem in **Batu Ferringhi** bieten verschiedene Unternehmen am Strand die Möglichkeit, z. B. einen **Jet-Ski** zu mieten, hinter einem Motorboot auf einer riesigen **Banane** über das Wasser zu reiten oder an einem **Fallschirm** über Strand und Meer zu gleiten (Parasailing). Diese Veranstalter findet man an den **Strandzugängen der großen Hotels** sowie am Café **Bora Bora By Sunset** (s. S. 59).

Wandern

Für Wanderungen bieten sich auf Penang grundsätzlich zwei Möglichkeiten: Erstens **Stadtspaziergänge in George Town** (s. S. 22) und zweitens mehr oder weniger abenteuerliche **Dschungelwanderungen**, z. B. hinauf zum Penang Hill (Bukit Bendera) 29 oder im Taman Negara Pulau Pinang (Penang National Park) 41. Bei Trekkingtouren im Regenwald gilt es, einige **Tipps** zu beachten (s. Extrainfo auf S. 65). Die Wanderwege im Regenwald sind meist **einfache Pfade**, teilweise wegen der Baumwurzeln recht holprig, manchmal gibt es auch **gepflasterte Abschnitte**, die allerdings bei Nässe extrem rutschig sein können.

Wanderung 1: Penang Botanic Gardens

Vom **Eingang des Botanischen Gartens** 28 hält man sich zunächst rechts. Auf dem Weg durch den sogenannten **Formal Garden** mit seinen **weiten Rasenflächen** läuft man leicht bergan. Hier sieht man am frühen Morgen viele Menschen beim Joggen oder Tai-Chi; am späten Vormittag wimmelt es eher von Touristen und manchmal auch von Affen.

Nach kurzem Fußmarsch zweigt rechts der **gepflasterte Weg zum Farnhaus** ab, dem wir nun folgen. Nach wenigen Metern gelangt man zu einem **Unterstand**, der Schutz vor Sonne und Regen bieten kann. Von einem ausgiebigen Picknick sei aber eher abgeraten, denn das lockt die lästigen Javaneraffen an, die einem auch schon mal das Essen aus der Hand stehlen. Also nur schnell einen Schluck trinken und weiter geht es. Hier entdeckt man den **Ebenholz-**

- **Charakter:** Es handelt sich um eine Wanderung auf weitgehend ebenen, gepflasterten Wegen.
- **Ausgangs- und Endpunkt:** Eingang der Penang Botanic Gardens 28
- **Länge:** ca. 2,5 km
- **Dauer:** 1½ bis 2 Std. (ohne Besichtigung der Themenhäuser)
- **Höhenmeter:** ca. 100 m
- **Einkehr:** Verpflegung am besten selbst mitbringen; am Ein- bzw. Ausgang des Botanischen Gartens gibt es das Waterfall Cafe (geöffnet: 8.30–16.30 Uhr).
- **An- und Rückfahrt:** Hop-on-hop-off-Bus Haltestelle Nr. 4 oder Bus Nr. 10

baum (s. S. 40), erkennbar an seiner mächtigen Krone.

Als Nächstes biegt man nach rechts auf den **Curtis Trail** bzw. **Tropical Rainforest Jungle Track** ab (wem das zu anstrengend ist, der kann auch auf dem gepflasterten Weg weitergehen). Dieser gut erkennbare Pfad führt durch den Dschungel und bietet ein wenig Abenteuerfeeling. Manchmal ist es rutschig; man muss genau hinsehen, wo man seinen Fuß hinsetzt, denn oft geht es über Baumwurzeln.

Am Ende des Pfads erreicht man erst das **Orchideenhaus** und schließlich den großen **Seerosenteich (Lily**

Pond). Dort kann man auch einige Tiere wie Vögel und Wasserschildkröten beobachten. Ganz Glückliche entdecken vielleicht sogar eine Schlange. Am gegenüberliegenden Bachufer befindet sich das **Bromelien- und Begonienhaus.**

Vorbei am **Kaktushaus** gelangt man über einen **Fußweg** nach Westen zum **Farn-Steingarten (Fern Rockery).** Zurück zum Eingang geht es dann über die **Straße.**

Wanderung 2: Penang Hill (Bukit Bendera)

Diese Wanderung verläuft auf dem **Dschungelpfad,** der am **Moon Gate** beim **Botanischen Garten** 28 beginnt. Jenseits des Tors beginnt ein **gepflasterter Pfad.** Sofort links führen **Stufen** den Hügel hinauf. Man folgt diesem Stufenweg etwa eine gute halbe Stunde bergauf, bis man einen **Picknickstopp** erreicht. Hier befindet sich ein **kleiner Kiosk,** an dem man Kaffee, Tee, Softdrinks oder Wasser kaufen kann. Schon von hier aus hat man eine recht gute Sicht über die Landschaft.

Der Weg führt unmittelbar am Kiosk vorbei **den Hügel hinauf.** Zunächst einmal geht es aber ein wenig bergab, bevor man wieder bergauf steigt. Immer wieder entdeckt man allerlei **faszinierende Pflanzen.** Mitunter verhaken sich die Ranken der Rattanpalmen in der Kleidung oder – noch schmerzhafter – in der Haut. Dann nützt festes Ziehen gar nichts, stattdessen muss man etwas zurückgehen, um die Spannung rauszunehmen, denn sonst verfangen sich die Widerhaken noch stärker. Man entdeckt zudem zahlreiche **Tiere,** etwa Insekten, Hörnchen, Echsen und Affen, darunter die bekannten **Javaneraffen,** die gerne auch auf dem Boden unterwegs sind, und **Schopflanguren.** Für Naturinteressierte lohnt sich die Mitnahme eines **Vogelbestimmungsbuchs,** denn im Regenwald hört und sieht man zahlreiche Vogelarten.

Unterwegs passiert man mehrere **Lichtungen.** Hier hat man Gelegenheit, die **herrliche Aussicht** über immer weitere Teile der Insel zu genießen. Hält man sich unterwegs nicht zu sehr auf, erreicht man den **Pausenplatz Nr. 84** in etwa 30 Minuten.

An dieser Stelle treffen sich neben dem Pfad, auf dem man gerade gekommen ist, der **Jeep Track** und die sogenannte **Moniot Road East.** „Road" ist hier ein missverständlicher Begriff, denn eigentlich handelt es sich nur um einen ehemaligen **Reitweg.** Genau diesen nutzen wir,

- **Charakter:** Anspruchsvolle Dschungelwanderung mit erheblichem Anstieg. Festes Schuhwerk mit rutschfester Sohle oder Trekkingsandalen sind ratsam.
- **Ausgangspunkt:** Moon Gate, Jl. Kebun Bunga, kurz vor dem Eingang zu den Penang Botanic Gardens 28 auf der linken Straßenseite
- **Endpunkt:** Penang Hill (Bukit Bendera) 29
- **Länge:** ca. 5 km
- **Dauer:** ca. 3–4 Std.
- **Höhenmeter:** ca. 400 m
- **Einkehr:** Es empfiehlt sich, ausreichend Wasser mitbringen. Eine Kantine befindet sich am Pausenplatz Nr. 5. (geöffnet: ca. 8.30–16.30 Uhr). Auf dem Gipfel gibt es diverse gastronomische Angebote, darunter David Brown's und die Sky Terrace (beides S. 43).
- **An- und Rückfahrt:** Hop-on-hop-off-Bus Haltestelle Nr. 5 oder Bus Nr. 204, zurück mit der Standseilbahn nach Air Itam [E4]

um weiter bergauf zu wandern. An besonders steilen Abschnitten wurde der Boden mit **Beton** verstärkt. Achtung, hier ist es **nach Regenfällen** besonders **glatt!**

Nach etwa 15 Minuten Aufstieg folgt eine **Gabelung**, an der man sich rechts hält. Auf den ersten Metern geht es steil bergauf, nach ein paar Minuten ist das aber überstanden. Als Entschädigung eröffnet sich ein einzigartiger Blick über Air Itam und die Insel. Mithilfe mehrerer **schmaler Brücken** gelangt man trockenen Fußes über die kleinen **Wasserläufe** und zu einem weiteren **steilen Anstieg**, an dessen Ende die **Viaduct Road East** liegt.

Hier geht es nach links weiter bis zum **Viadukt**, über den die **Standseilbahn (Funicular)** ihre Passagiere zum Gipfel befördert. Auf der anderen Seite des Viaduktes führen **bemooste Stufen** weiter nach oben. Danach wird der Pfad schmaler. Kurz darauf ist der schwierigste Teil geschafft; der Pfad wird breiter, ist gepflastert und es gibt **Wegweiser zur „Top Station“**. An der nächsten Gabelung folgt man den Stufen nach links und gelangt so zum Gipfel des **Penang Hill (Bukit Bendera)** 29.

Oben angelangt, sollte man sich als Erstes um ein **Ticket für die Rückfahrt** kümmern – entweder per Bahn oder per Jeep –, denn zu Fuß würde der Rückweg zu lange dauern, sodass man wohl erst bei einsetzender Dunkelheit unten ankäme. Danach kann man die Sehenswürdigkeiten auf dem Gipfel besuchen, vor allem aber das **einmalige Panorama** genießen.

049pn-ho

Über Stock und Stein: Dschungelwandern ist durchaus anspruchsvoll

Wanderung 3: Taman Negara Pulau Pinang (Penang National Park)

Der Weg beginnt am **Eingang zum Nationalpark** 41 in **Teluk Bahang**, wo sich auch der **Anleger für die Boote** befindet, die zum Monkey Beach aufbrechen. Die meisten Besucher nutzen die Boote, sodass auf dem Weg nicht allzu viele Leute unterwegs sind. Folgt man dem **Weg 1 A**, der zunächst sehr gut ausgebaut und asphaltiert ist, gelangt man alsbald zum kleinen **Teluk Bahang Beach.**

Der ausgeschilderte **Pfad 1 A/1 B** führt durch den **Küstenwald.** Nach etwa 20 Minuten erreicht man den Strand von **Teluk Tukun**, nachdem man zuvor zwei **kleine Holzbrücken** überquert hat. Die zweite Brücke führt über den Sungai Tukun; hier befindet sich zudem der **Canopy Walkway.**

Ab Tukun wird der **mit 1 D ausgeschilderte Weg** urtümlicher, d. h. er ist weniger gut ausgebaut; hier sind nur wenige Menschen unterwegs. Nun kann man häufiger exotische Tiere entdecken, darunter Echsen wie die Skinke, Bindenwarane, manchmal Schlangen (mit Glück eine Lanzenotter oder eine Peitschennatter), Hörnchen und Affen. Auch die Pflanzenwelt verdient Beachtung: Man sieht z. B. die Insekten vertilgenden **Kannenpflanzen.**

Nach einigem Bergauf und Bergab, nach Regenfällen teils auf rutschigem Boden, kommt schließlich **Teluk Duyung (Monkey Beach)** in Sicht. Dort kann man sich bei einem Bad erfrischen und sich bei Bedarf einen Snack kaufen. Danach wendet man sich vom Strand ab und erklimmt den Pfad hinauf zum **Muka Head Lighthouse** – hier genießt man einen **einzigartigen Panoramablick,** allerdings darf man den Turm selbst nicht besteigen.

Im Anschluss treten wir den **Rückweg** an: Entweder geht es zurück zum Strand, um ein **Boot** nach Teluk Bahang zu nehmen (meist ist dies aber nur möglich, wenn man zuvor am Anleger in Teluk Bahang die Abholung arrangiert hat). Oder man geht **zu Fuß** auf demselben Weg zurück zum Parkeingang.

Für **ambitioniertere Wanderer** besteht die Option, den Weg in Richtung Süden fortzusetzen. Es geht durch den Wald zum **Canopy Walkway** am Sungai Tukun. Hierzu folgt man den Wegweisern zum Strand **Pantai Kerachut** (Wege 6 A/6 B/6 C/6 D). Hinter der ersten **Hängebrücke** hält man sich links (der Pfad führt von der Küste weg). Nach etwa 1,5 Stunden erreicht man dann den Strand. Wer möchte, geht von hier weiter nach Süden, nun über die Pfade 8 A/8 B/8 C. So erreicht man schließlich den Strand **Teluk Kampi.** Da dieser immerhin noch eine weitere Stunde entfernt liegt, kommen hierher kaum noch Besucher.

Der **Rückweg** erfolgt zunächst zu Fuß bis zum Pantai Kerachut; von hier kann man sich mit dem Boot abholen lassen, sofern man dies zuvor arrangiert hat. Ansonsten folgt man den bereits beim Hinweg gegangenen Pfaden 6 A bis 6 D zurück zum **Parkeingang.**

- **Charakter:** Dschungelwanderung auf überwiegend ebenem Terrain. Ideal sind festes Schuhwerk oder Trekkingsandalen. Der Weg eignet sich auch für wenig sportliche Menschen.
- **Ausgangs- und Endpunkt:** am Parkeingang in Teluk Bahang [B–C2–3] (Registrierungsbüro s. S. 66)
- **Länge:** zum Monkey Beach ca. 3,4 km, zum Muka Head Lighthouse ca. 4,6 km
- **Dauer:** zum Monkey Beach ca. 1,5 Std., zum Muka Head Lighthouse ca. 2 Std.
- **Einkehr:** Händler verkaufen am Monkey Beach Snacks und Softdrinks zu recht hohen Preisen, am besten ist es daher, sich die Verpflegung selbst mitzubringen.
- **An- und Rückfahrt:** Hop-on-hop-off-Bus Haltestelle Nr. 29 oder Bus Nr. 101 u. 102. Für die Rückfahrt vom Monkey Beach sollte man am Bootsanleger [B2] in Teluk Bahang vorab ein Boot reservieren, andernfalls geht es zu Fuß zurück zum Parkeingang.

Routenverlauf im Inselplan

Die hier beschriebene Wanderung 3 ist mit einer farbigen Linie im Inselplan eingezeichnet.

Weitere Aktivitäten

Golf

Golf ist in Malaysia ein **weit verbreiteter Sport.** Im **Penang Golf Club** findet man einen 18-Loch-Kurs mit einer Länge von 5848 Metern vor, auf dem durch grasbewachsene Flächen gut versteckt etliche Bunker liegen. Designer des Platzes war der bekannte Golfplatzarchitekt Robert Trent Jones Jr.

› **Penang Golf Club** <098>
2 Jl. Bukit Jambul, Bayan Lepas, www.penanggolfclub.com.my

Radfahren

Auf Penang lassen sich sowohl kurze Stadttouren als auch ausgedehnte Inselrundfahrten mit dem Fahrrad unternehmen. Für **Stadttouren in George Town** reichen in der Regel die Mieträder aus, die man vor Ort leihen kann. Ideal ist das Rad auch zur Erkundung von **Balik Pulau** 44 und dessen Umgebung. Wer längere Touren plant, sollte ein eigenes Rad mitbringen. Ansonsten kann man es bei **The Leaf Bike Rental** versuchen, dort bekommt man auch **Mountainbikes.**

Während es in George Town keine separaten **Radwege** gibt, finden sich deutlich gekennzeichnete Radwege auf bestimmten Strecken zwischen George Town und Batu Ferringhi 32. Besonders an den Wochenenden fahren zahlreiche Radfahrer meist auf Rennrädern auf der **serpentinenreichen Strecke** rund um die Insel.

Aber Achtung! Im **Straßenverkehr** haben Radfahrer immer noch einen deutlich geringeren Stellenwert als motorisierte Verkehrsteilnehmer!

In George Town gibt es zahllose **Anbieter**, die Räder verleihen. Die **Tagesmiete** kostet nur etwa RM 10–20 (ca. 2–4,50 €). Dafür bekommt man in der Regel ein funktionsfähiges Hollandrad; spezielle Räder wie Mountainbikes sind allerdings teurer und auch schwieriger zu bekommen. Man achte unbedingt darauf, auch ein gutes **Schloss** zu erhalten!

Es empfiehlt sich außerdem, direkt in seiner Unterkunft nach einem Mietfahrrad zu fragen, denn viele **Hotels und B&B-Unterkünfte** vermieten auch Fahrräder. Zur Anmietung muss man normalerweise eine **Kaution** in Höhe von bis zu RM 200 oder seinen Pass hinterlegen. Manche Vermieter bieten zusätzliche Unfallversicherungen an. Hier sind einige empfehlenswerte **Anbieter in George Town** gelistet:

- **Chin Seng Leong Bicycle Shop** <099>
  84 Lebuh Armenian, Tel. 012 5533553
- **Freedom Leisure Cycle Supply** <100>
  155 Lebuh Victoria, Tel. 016 4529848, www.penangbicyclerental.com.my
- **Love Bike** <101>
  Lorong Love, Tel. 010 6040099
- **Metro Bike** <102>
  8 Pengkalan Weld, Tel. 012 4290035, www.metrobike.com.my
- **The Leaf Bike Rental** <103>
  24 Pengkalan Weld, www.gtbikerental.blogspot.de, Tel. 012 4121007

› **ZT Bike Penang,** bei Zhang Trading (s. S. 53)

Wer in **Balik Pulau** radeln möchte, sollte es hier versuchen:

› **Audi Homestay & MTB Club** <105>
609 Jl. Pulau Betong, Tel. 04 8662569, www.audipenang.com

PENANG ERLEBEN

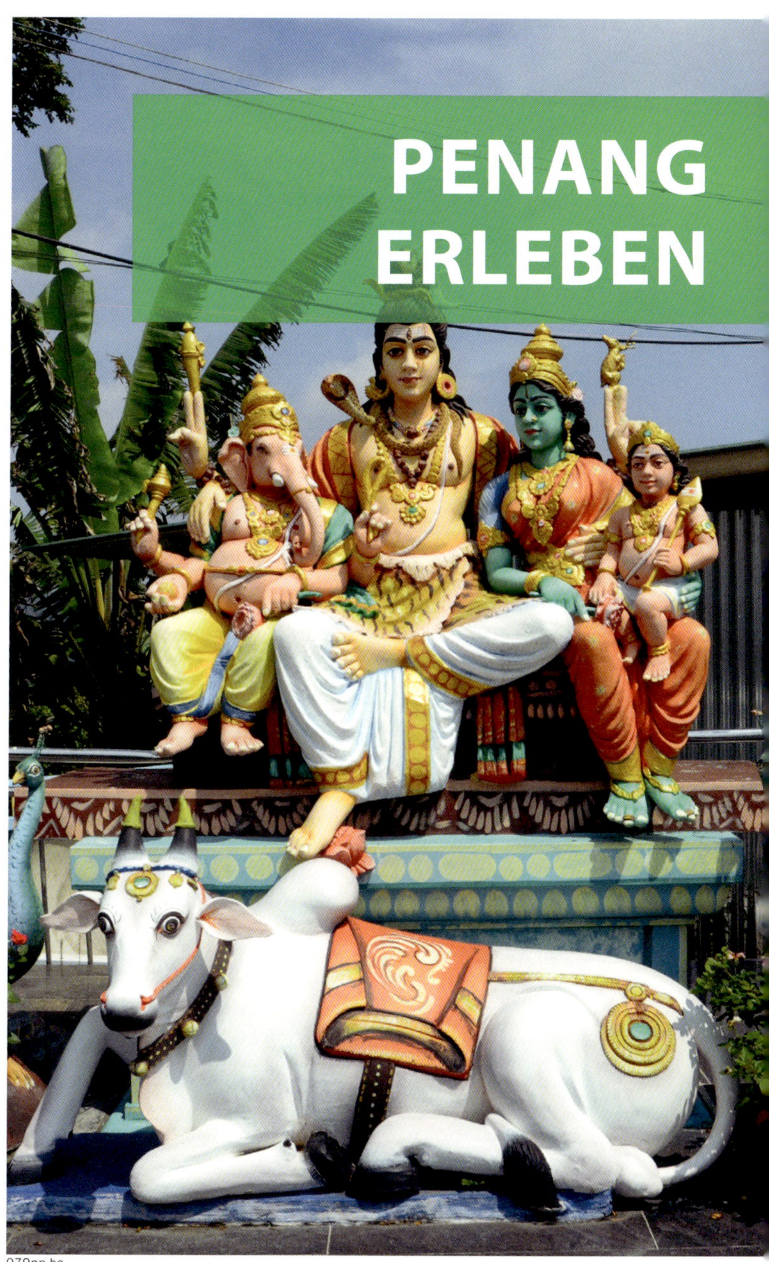

079pn-ho

Feste und Folklore

Das multiethnische, multikulturelle und multireligiöse Penang bietet dem Besucher nahezu das ganze Jahr über Möglichkeiten, an einer Vielzahl von Festen teilzuhaben. Obwohl der Islam Malaysias Staatsreligion ist, gilt zugleich Religionsfreiheit – das bedeutet, dass es neben den islamischen auch etliche andere religiöse Feiertage gibt.

Einige der Feste richten sich nach dem in Europa bekannten gregorianischen Kalender und finden an **festen Terminen** statt. Die meisten **religiösen Feiertage** sind hingegen **variabel,** da die Kalendersysteme, auf denen sie beruhen, nicht dem gregorianischen Kalender entsprechen. Dies gilt für sämtliche islamische Feiertage, aber auch für die meisten Feste, die Buddhisten oder Taoisten (Chinesen) und Hindus (Inder) in Malaysia feiern. Die Feiertage der Muslime (Malaien) sind dabei besonders variabel – sie verschieben sich Jahr für Jahr und können somit praktisch auf jeden Monat des westlichen Kalenders fallen. Sobald ein Feiertag auf einen Samstag oder Sonntag fällt, wird er am darauffolgenden Montag begangen.

Eine detaillierte **Übersicht über alle Veranstaltungen** findet man auf der Website www.mypenang.gov.my (unter „Events").

◁ *Vorseite: Ebenso farbenprächtig wie die Figuren am Hindutempel auf dem Penang Hill (29) sind auch die religiösen Feste der indischen Community Penangs*

Januar bis April

- **Pongal Festival:** Zu Ehren des Sonnengottes Surya feiern hinduistische Tamilen eine Art Erntedankfest. Das Wort „Pongal" bedeutet in etwa „überkochen" und bezieht sich auf das rituelle Kochen von Milch und frisch geerntetem Reis in einem Topf. Sobald der Topf überkocht, rufen die Hindus „Ponggalo Pongal", da dies als Symbol für Glück und Wohlstand im Haus gilt. Das Fest wird ungefähr Mitte Januar gefeiert.
- **Chinese New Year:** Die chinesischstämmige Bevölkerung begrüßt den Beginn des neuen Jahres. Dazu finden während eines etwa zweiwöchigen Zeitraumes auf den Straßen Löwen- und Drachentänze statt, man besucht Verwandte, beschenkt sich mit roten Briefumschlägen *(ang pow),* isst gemeinsam und lässt es überall mit Böllern „krachen". Im Kek Lok Si Temple (30) leuchten über 10.000 Lichter. Nach westlichem Kalendarium findet Chinese New Year immer Ende Januar/Anfang Februar statt.
- **Penang Hot Air Balloon Fiesta:** Große, farbenprächtig gestaltete Heißluftballons erleuchten den Himmel über Penang am 2. und 3. Tag von Chinese New Year. Sie starten am Polofeld (Padang Polo) und fahren über die Insel. Dazu gibt es ein buntes Rahmenprogramm mit zahlreichen Shows. Infos: www.penanghotair balloonfiesta.com.
- **Jade Emperor God Festival:** Am 9. Tag von Chinese New Year feiern die Hokkien-Chinesen den Gott Ti Kong Seh (Geburtstag des Jadekaisergottes) mit Gebeten und zahlreichen Opfergaben.
- **Chap Goh Meh:** Fest zum Abschluss der Feierlichkeiten zu Chinese New Year am 15. Tag des ersten Mondmonats. Dieser Tag ist den Liebenden gewidmet (eine Art Valentinstag). Junge Mädchen werfen von der Promenade in George Town Orangen ins Meer in der Hoffnung, einen

guten Ehemann zu finden. Viele Shows und ein Feuerwerk begleiten das Fest.

- **Thaipusam:** Anlässlich dieses Festtages pilgern die Hindus vom Sri Maha Mariamman Temple 14 in Little India zum Arulmigu Balathandayuthapani Temple in der Jl. Kebun Bunga, dem Zentrum der Feier. Hier treffen sich Jahr für Jahr Tausende, um der Gottheit Murugan zu huldigen. Viele Hindus martern sich in Trance zur Buße selbst: Sie durchbohren ihre Wangen, Zungen oder Lippen mit Spießen und tragen zentnerschwere Gestelle *(Kavadi)*, die über zahlreiche Haken in Brust und Rücken gehalten werden. Thaipusam fällt im westlichen Kalender auf Ende Januar/Anfang Februar.
- **Snake Temple Celebration:** Zum Geburtstag von Chor Soo Kong, dem ersten Mönch des Snake Temple (Chor Soo Kong Temple) 50 finden dort am 12. und 13. Feb. zahlreiche kulturelle Vorführungen statt.
- **Hakka Cultural Festival:** Balik Pulau 44, der Lebensmittelpunkt vieler Hakka-Chinesen, wird einmal jährlich am 20. Tag des ersten Mondmonats zum Zentrum dieses Festes. Zu Ehren der Vorfahren gibt es Tanz- und Gesangsaufführungen. Nach westlichem Kalender findet das Fest Ende Februar statt.
- **Qing Ming:** Das Fest für die Verstorbenen begehen die Buddhisten am 4. oder 5. April. Sie besuchen die Grabstätten ihrer Vorfahren und reinigen diese.
- **Songkran Festival:** Bei dem traditionellen Frühlingsfest der Thai-Gemeinschaft am 13. April wird vor allem viel mit Wasser gespritzt. Ob aus Eimern, Wasserpistolen oder anderen Wasserspendern: Rund um die buddhistischen Tempel wird hier jeder kräftig nass.
- **Vaisakhi Celebration:** Die Sikhs Penangs feiern Mitte April ihr Erntedankfest mit vielen Gesängen und Tänzen. Viele öffnen ihre Häuser für Fremde (die in Malaysia typische Tradition des *Open House*), d. h. jeder darf hineinschauen und mitfeiern.

Mai bis August

- **Vesak Day (Wesak Day):** Die Buddhisten Malaysias zieht es zum Vollmond im Mai bzw. Anfang Juni, dem Geburtstag Buddhas, in die Tempel. Es finden Lichterprozessionen statt und als Symbol für die Befreiung der Seelen werden Vögel freigelassen.
- **Penang Durian Festival:** Die exotische, intensiv riechende Durian-Frucht wird auf Penang in großen Plantagen angebaut. Der „Königin der Früchte" wird im Mai und Juni ein ganzes Festival gewidmet. Dann bekommt man die Frucht auf nahezu allen Märkten, an Straßenständen und im Hauptanbaugebiet zwischen dem Stausee am Teluk Bahang Dam 40 und Balik Pulau.
- **Penang Floral Festival:** Ende Mai/Anfang Juni stehen viele Pflanzen in den Penang Botanic Gardens 28 in voller Blütenpracht. Vor allem nicht heimische Blumen wie Tulpen erregen in den riesigen Pflanzbeeten großes Aufsehen.
- **Penang International Dragon Boat Festival:** Dieses Drachenbootrennen feiern die Chinesen Ende Mai/Anfang Juni (2016 wetterbedingt auf Dez. verschoben). Ursprünglich galt es zu Ehren des Dichters Chu Yuan, der um 278 v. Chr. Selbstmord beging, nachdem man ihn wegen seiner fortschrittlichen Ideen aller Ämter am Hofe des Kaisers enthoben hatte. Er ertränkte sich in einem Fluss. Als die Fischer dies beobachteten, sollen sie vergeblich versucht haben, ihn mit ihren Drachenbooten zu retten. Auf Penang findet das Rennen auf dem Stausee am Teluk Bahang Dam statt. Infos: www.penangdragonboat.gov.my.
- **Geburtstag des Königs:** Der Geburtstag des Yang di-Pertuan Agong wird immer

am ersten Samstag im Juni mit Paraden und Theateraufführungen gefeiert; in allen Moscheen, Tempeln und Kirchen beten Gläubige für den König.

- **Nuzul Al-Quarn:** Am 17. Tag des Fastenmonats Ramadan feiern die Muslime den Tag, an dem Mohammed den heiligen Koran empfing.
- **Hari Raya Puasa (Hari Raya Aidilfitri):** Das Fest des Fastenbrechens bildet für die Muslime den Abschluss des Fastenmonats Ramadan. Es wird nach Herzenslust gegessen, geredet und mit der Verwandtschaft gefeiert. Schließlich muss man Versäumtes aus den letzten Wochen nachholen. Nach westlichem Kalender ist das Fest variabel; 2016 und 2017 fällt es auf Juli bzw. Juni.
- **George Town World Heritage City Day:** Der 7. Juli ist ein Feiertag, weil die UNESCO die Stadt an diesem Tag im Jahr 2008 zum Weltkulturerbe erklärte. Shows, Tänze und viele weitere Veranstaltungen erfreuen die Besucher im historischen Viertel.
- **Penang Bon Odori Festival:** Im Juli steht Japan im Zentrum dieses Festivals. Trommler geben den Rhythmus vor, Tänze zu Ehren der Vorfahren werden veranstaltet, an der Promenade beim Padang in George Town wird japanisches Essen verkauft und die Händler auf dem Straßenmarkt bieten typische Waren feil.
- **George Town Festival:** Die Zeit zwischen Ende Juli und Ende August markiert alljährlich das große Stadtfest mit einer Vielzahl an Kunst- und Kulturveranstaltungen unter Mitwirkung nationaler wie internationaler Künstler. Infos: http://georgetownfestival.com.
- **Hari Merdeka (Merdeka Day):** Die Unabhängigkeit Malaysias wird am 31. August mit Paraden und viel Nationalstolz gefeiert.
- **Hungry Ghost Festival:** Im siebten Mondmonat öffnen sich nach chinesischem Verständnis die Tore der Unterwelt und lassen die Geister frei, die sich auf der Suche nach Nahrung auf die Erde begeben. Ihnen bereitet man überall kleine Altäre mit Opfergaben aus Lebensmitteln und vielen Räucherstäbchen. Zudem werden oft auf kleinen Bühnen klassische chinesische Stücke aufgeführt. Nach westlichem Kalendarium fällt das Fest auf August bzw. Anfang September.

Oktober bis Dezember

- **Malaysia Day:** Am 16. September begeht Penang den Malaysia-Tag, der das Datum markiert, an dem 1963 aus Malaya, Sabah, Sarawak und Singapur (das 1965 wieder austrat) der Staat Malaysia wurde.
- **Mid-Autumn Lantern Festival:** *Mooncakes,* Tee und farbenprächtige Laternen kennzeichnen diesen Festtag der chinesischen Gemeinschaft im September.
- **Hari Raya Haji:** Das Opferfest ehrt all jene, die die Pilgerreise (Hadsch) nach Mekka antreten und erinnert an den Propheten Ibrahim (Abraham), der bereit war, Gott seinen eigenen Sohn zu opfern. Deshalb wird ein Tier geschlachtet. Nach westlichem Kalender findet das Fest 2016 und 2017 im September statt.
- **Nine Emperor Gods Festival:** Das taoistische Fest, das auch unter dem Namen *Kew Ong Yeah* bekannt ist, wird vom 1. bis 9. Tag des neunten Mondmonats gefeiert und fällt damit in den Oktober. Die Gläubigen essen vegetarische Gerichte und laufen über glühende Kohlen, um den Göttern zu gefallen. Am letzten Tag geleitet man die Götter symbolisch von der Jalan Burma zum Meer und lässt sie dann mit dem Kaiserboot davonfahren.
- **Navratri Festival:** Etwa zeitgleich mit dem Nine Emperor Gods Festival stattfindendes religiöses Fest der Hindus. Man betet zu Durga, Lakshmi und Sarathy, um Kraft und Wohlstand zu erbitten.

- **Awal Muharram (Maal Hiraj):** Das Neujahrsfest der Muslime. Man erinnert an die Emigration des Propheten Mohammed von Mekka nach Medina. Nach gregorianischem Kalender fällt das variable Fest 2016 und 2017 auf den Oktober bzw. September.
- **Penang Bridge International Marathon:** Das Rennen lockt im November etliche Läufer auf das Eiland. Neben dem klassischen Marathon gibt es noch drei weitere Distanzen, von denen alle über die (erste) Penang Bridge verlaufen. Infos: www.penangmarathon.gov.my.
- **Deepavali:** Im Oktober/November wird das hinduistische Lichterfest gefeiert. Überall leuchten Lampen und Kerzen, um den Sieg des Guten, symbolisiert durch das Licht, über das Böse, versinnbildlicht durch die Dunkelheit, zu zelebrieren. Farbenfrohe Ornamente aus Blüten, Reis und Gewürzen auf Gehwegen und in den Einkaufszentren zeigen Götterbilder.
- **Penang Island Jazz Festival:** Das seit 2004 bestehende Musikevent bringt Anfang Dezember viele internationale Jazz-Musiker auf die Insel. Infos: www.penangjazz.com.
- **Maulidur Rasul (Maulid Nabi):** Dieser Feiertag, an dem die muslimische Bevölkerung den Geburtstag des Propheten Mohammed begeht, ist nach islamischem Kalender variabel. 2016 und 2017 fällt er in den Dezember.
- **Chingay Parade:** Der Umzug zu Ehren der Götting Kuan Yin (Guanyin) findet im Rahmen der Pesta Pulau Pinang im Dezember statt und erfreut die Zuschauer mit Löwen- und Drachentänzen sowie Flaggenschwingern.
- **Christmas:** Am 25. Dezember begehen alle Christen Penangs das Weihnachtsfest. Doch auch Nichtchristen bietet der Tag einen perfekten Anlass zum Konsumrausch. In den Malls wird reichlich Weihnachtsdeko aufgefahren.

Feiertage

- 1. Januar: **Hari Tahun Baharu** (Neujahr)
- Ende Januar/Anfang Februar: **Chinese New Year** (2017: 28./29. Jan., 2018: 16. Feb.)
- Ende Januar/Anfang Februar: **Thaipusam** (2017: 10. Feb., 2018: 31. Jan.)
- 1. Mai: **Labour Day**
- Mai/Juni: **Vesak Day** (2017: 10. Mai, 2018: 30. April)
- 1. Samstag im Juni: **Hari Keputeraan Seri Paduka Baginda Yang di-Pertuan Agong** (Geburtstag des Königs; 2017: 3. Juni, 2018: 2. Juni)
- **Nuzul Al-Quarn** (Mohammeds erste Offenbarung; 2017: 12. Juni, 2018: 6. Mai)
- **Hari Raya Puasa/Hari Raya Aidilfitri** (Fest des Fastenbrechens; 2017: 26./27. Juni, 2018: 15. Juni)
- 7. Juli: **George Town World Heritage City Day**
- 9. Juli: **Geburtstag des Gouverneurs von Penang**
- 31. August: **Hari Merdeka** (Nationalfeiertag)
- **Hari Raya Haji** (Opferfest; 2016: 12./13. Sept., 2017: 1./2. Sept.)
- 16. September: **Malaysia Day**
- **Awal Muharram/Maal Hijrah** (islamisches Neujahrsfest; 2016: 2. Okt., 2017: 22. Sept.)
- Oktober: **Deepavali** (2016: 29. Okt., 2017: 19. Okt.)
- **Maulidur Rasul/Maulid Nabi** (Geburtstag des Propheten Mohammed; 2016: 12. Dez., 2017: 1. Dez.)
- 25. Dezember: **Christmas**

051pn-ho

Penang kulinarisch

Das kulinarische Angebot auf Penang ist sehr breit, sodass der Insel der **Ruf eines gastronomischen Paradieses** vorauseilt. Neben **malaiischer Kost** und den auf Penang so typischen **Nyonya-Gerichten** gibt es die verschiedenen Formen der **chinesischen Küche** und die scharfen Speisen der **indischen Kochkunst.**

In den **Restaurants**, vor allem in der Nähe der großen Hotels, fehlen natürlich auch die **westlichen Standardgerichte** nicht. Außerdem sind die bekannten **Fast-Food-Ketten** fester Bestandteil der gastronomischen Szene.

Ein ganz besonders großes Vergnügen ist der Besuch eines Marktes, vor allem eines **Nachtmarktes (Pasar Malam bzw. Night Market)**, auf dem einen so manches kulinarische Erlebnis erwartet. Allerlei Leckereien und eine Vielzahl tropischer Früchte (s. S. 87) lassen sich probieren.

Getrunken werden **Wasser** *(air)*, **Kaffee** *(kopi)* **oder Tee** *(teh)*, Softdrinks sowie zumindest abends gerne Bier *(bir)*. Hinzu kommen zahlreiche **Fruchtsäfte** *(jus)*, frisch oder aus der Flasche, *tuak* (Reiswein) und andere Spirituosen. Grundsätzlich gilt für alle **Alkoholika** ein sehr hoher Preis, da der Islam den Genuss dieser Getränke verbietet.

Kaffee *(kopi)* und **Tee** *(teh)* bekommt man schwarz *(kosong)*, mit Zucker *(o)* oder mit gesüßter, dickflüssiger Kondensmilch *(susu)* – heute wird aber auch oft normale Milch serviert. Eine weitere Variante ist Eiskaffee bzw. Eistee *(o-ais)*. Eine ganz besondere **lokale Spezialität** ist **„teh tarik"** (wörtlich: „gezogener Tee"). Dabei wird der mit Milch verfeinerte Tee durch wiederholtes kunstvolles Umschütten von einem Gefäß in ein anderes abgekühlt und gleichzeitig aufgeschäumt. Das Ganze funktioniert natürlich auch mit Kaffee. Malaysias lebendige Kaffee- und Teekultur zeigt sich darin, dass es – neben dem klassischen **Kopitiam** (s. S. 94) – **lokale Kaffeehausketten** wie Old Town White Coffee (s. S. 49) gibt.

Schmackhafte Sate-Spieße (s. S. 89) rösten über dem Feuer

Die Fruchtpalette Malaysias – zu Besuch auf dem Markt

Obwohl man im Zeitalter des Luftverkehrs fast alle Früchte praktisch überall bekommt, ist die **Vielfalt des Angebots** in Malaysia doch überwältigend. Die Früchte riechen aromatischer, sehen z. T. anders aus und schmecken besser – und sei es nur, weil sie anders gegessen werden als in Europa üblich, denn wer streut sich daheim schon **Salz auf die Ananas?** Früchte wie Äpfel, Orangen und Mandarinen werden importiert. **Erdbeeren** werden im kühleren Hochland der **Cameron Highlands** angepflanzt – sie sind besonders begehrt, gelten doch Früchte, die bei uns heimisch sind, in Malaysia als exotisch. Neben den auch in Europa verbreiteten Sorten wie **Banane („pisang"), Mango („mangga")** und **Ananas („nanas")** gibt es eine Reihe weiterer Früchte, die hier kurz vorgestellt werden:

- **Durian:** Bis zu 30 cm lange, grünliche Frucht, die dicht mit stacheligen Fortsätzen übersät ist. Im Inneren befinden sich zahlreiche Samen, deren cremiggelber Samenmantel gegessen wird. Der Geruch ist überaus unangenehm. Der Frucht wird aphrodisierende Wirkung nachgesagt. Auch sie ist in den meisten Hotels verboten, ebenso in Taxis, auf Flughäfen und in öffentlichen Verkehrsmitteln.
- **Guave („jambu"):** Grüne, leicht birnenförmige Frucht mit festem Fruchtfleisch. Erinnert im Geschmack an einen Apfel. Besonders lecker ist es, wenn man sie mit einem Puder aus Zimt, Pfeffer und anderen Gewürzen bestreut. Wenn man Guaven fertig portioniert kauft, bittet man einfach um „powder".
- **Jackfrucht („nangka"):** Grüne Frucht, die bis zu 50 cm lang wird. Die Sammelfrucht enthält zahlreiche Samen, die roh oder geröstet gegessen werden.
- **Langsat oder Duku:** Kleine, gelbliche Früchte des Lansibaums. Das unter der Schale liegende Fruchtfleisch schmeckt saftig und süß.
- **Mangostane („manggis"):** Apfelgroße, rötliche bis violette Frucht mit harter Schale und kleinen, weißen Samenmänteln im Inneren, die süßsauer schmecken. Achtung: Der rötliche Saft aus der Schale färbt sehr stark. Aus diesem Grund sind die Früchte in vielen Hotels nicht erlaubt.
- **Rambutan:** Rötliche oder gelbe Frucht mit langen „Haaren" („rambut": „Haar"), die an Stacheln erinnern. Im Inneren befindet sich das weiße, essbare Fruchtfleisch, das den Kern umhüllt.
- **Rosenapfel („jambu air"):** kleine, rötliche Früchte von birnenförmiger Gestalt mit wässrigem Geschmack
- **Sternfrucht („karambole", „belimbing"):** Gelbe Frucht mit sternförmigem Querschnitt. Der Geschmack ist apfelähnlich.

☐ *Die Vielfalt tropischer Früchte kann man auf der Tropical Fruit Farm ㊷ entdecken*

052pn-ho

Kulinarischer Tagesablauf

Zum **Frühstück** essen Malaysier selten Toast und Marmelade; sie beginnen den Tag mit Vorliebe herzhaft und bevorzugen **Reis- und Nudelgerichte**, gern scharf und würzig. Besonders beliebt ist **„nasi lemak"** (wörtlich: „Reis", „fettig"): Reis wird in Kokosmilch gegart und mit Gurkenscheiben, Chilisoße *(sambal)*, Erdnüssen, einem gekochten Ei und *ikan bilis* (Trockenfisch) serviert. Traditionell wird *nasi lemak* in ein Bananenblatt gewickelt.

Alternativ bekommt man in **indischen Restaurants** als erste Mahlzeit des Tages Teigfladen (*roti* oder *murtabak*) mit Currysoße, in **chinesischen Lokalen** neben Reis und Nudeln oft auch *dim sum* (Teigbällchen), die mit Fleisch, Garnelen, Gemüse oder gesüßtem Kokosmark *(kaya)* gefüllt sind. In Letzteren findet man am ehesten **westliche Frühstücksangebote** à la Toast und Cornflakes. In den meisten Unterkünften, auch in den preiswerteren, gehören sie zum Standard. Mittelklasse- und gehobene Hotels servieren sie häufig in Form eines Frühstücksbuffets. In den Luxushotels ergänzen **arabische Gerichte** wie Hummus (Kichererbsenbrei) und Datteln das Buffet, denn gerade in den Sommermonaten zieht es viele arabische Familien zum Urlaub nach Malaysia.

Zur **Mittagszeit** und zum **Abend** gibt es jeweils eine **größere Mahlzeit**, deren Grundlage wiederum Reis oder Nudeln bilden. Über den Tag verteilt werden Kleinigkeiten wie Obst, gebratene Bananen oder der eine oder andere *roti* gegessen.

Tischsitten

Das Essen beginnt mit dem **Händewaschen** vor und nach der Mahlzeit – selbst im einfachsten Kedai Kopi befindet sich irgendwo in der Ecke ein Waschbecken.

Je nach Lokal und Küche erhält der Gast zum Essen unterschiedliches Besteck: Entweder **Gabel** (für die linke Hand) und **Löffel** (für die rechte Hand) oder aber **Essstäbchen (chopsticks)** und einen chinesischen **Suppenlöffel** aus Plastik. In vielen indischen Restaurants gibt es gar kein Besteck. In diesem Fall wird mit der Hand gegessen, und zwar nur mit der rechten Hand, die linke gilt als unrein. **Messer** gibt es nur in internationalen Häusern, denn sie sind in der klassischen Gastronomie überflüssig, da alle Gerichte bereits in **bissgerechte Stücke** zerteilt sind.

Das Personal serviert die Gerichte in der Reihenfolge ihrer Fertigstellung. Sobald das erste Gericht auf dem Tisch steht, beginnt man mit dem Essen, auch wenn noch nicht

054pn-ho

> *Einladung zum Frühstück*

055pn-ho

alle etwas bestellt haben. Dies hängt damit zusammen, dass **selten jeder ein eigenes Gericht bestellt.** Gemüse, Fleisch oder Fisch stehen in der Tischmitte und jeder bedient sich; nur Reis als Beilage wird individuell geordert. Besonders bunt und vielfältig sieht ein Tisch bei den chinesischen Malaysiern aus, da sie meist in größeren Gruppen unterwegs sind.

Schmackhafte Vielfalt: die Küchen Malaysias

Malaiische Küche

Reis und Nudeln bilden die **Grundlage** der malaiischen Küche. Hinzu kommen Gemüse und zahlreiche **Gewürze,** allen voran Chili, Ingwer und Knoblauch. Meist werden malaiische Gerichte mit **Kokosmilch** verfeinert: Das mildert die Schärfe. Häufig kann man die Zutaten in Vitrinen begutachten und dann individuell zusammenstellen. Zubereitet werden sie im Wok. Beim **Fleisch** *(daging)* wählt man zwischen Huhn *(ayam),* Rind *(lembu)* oder Ziege *(kambing).* Fleischgerichte werden, ebenso wie Gerichte mit **Fisch** *(ikan)* oder **Gemüse** *(sayur-sayuran),* meist mit gekochtem Reis *(nasi putih)* serviert.

Möchte man stattdessen ein schon fertig zubereitetes Gericht, ist **gebratener Reis** *(nasi goreng)* eine gute Wahl, denn neben scharf angebratenem Reis kommen Gemüse, Ei *(telur),* Fisch und manchmal Fleisch auf den Teller. Vegetarier können dieses Gericht problemlos ohne Fisch und Fleisch bestellen. Ein Ei wird fast immer untergemischt. Alternativ isst man **gebratene Nudeln,** wahlweise als Weizennudeln *(mee, mi)* oder als Reisnudeln *(mee hoon, mihun).*

Eine typisch malaiische Spezialität ist **„sate“ (Satay),** kleine Fleischspieße aus Huhn, Rind oder Ziege. Auf dem Holzkohlegrill gebraten, kauft man die Spieße zu fünf oder zehn Stück. Serviert werden sie mit einer Portion Klebreis in Würfelform, Gur-

In Food Courts (s. S. 94) bestellt man bei verschiedenen Garküchen

kenstückchen und der charakteristischen **Erdnusssoße**, die meist gut gewürzt, manchmal auch ziemlich scharf sein kann.

Ebenso charakteristisch sind **Currygerichte** *(kari)*, also Gemüse, Fleisch oder Fisch in einer würzigen, sämigen Kokossoße. *Rendang* ist stark gewürztes Rindfleisch, das in einer dicken Sauce gekocht wird. Vegetarier greifen lieber zu *sayur goreng*, gebratenem Gemüse, oder *rojak*, einem kalten Gemüsesalat, der mit Ananas, Tofu, Chilis, Tamarinde und Garnelenpaste zubereitet wird.

Zum **Dessert** gibt es häufig schreiend **bunte Kuchen** *(kueh)*, die mit Palmzucker gesüßt und **Pandan-Extrakt** (Blätter der Schraubenbäume) grün gefärbt werden. Ein Beispiel hierfür ist das aus zwei Schichten bestehende *seri muka* mit Klebreis. Noch bunter sind *ais kacang* oder ABC *(ais batu campur)*: Hierfür wird **Wassereis** vom Block gerieben, mit roten Bohnen, Mais und bunten Geleewürfeln aus der Meeresalge Agar-Agar garniert und anschließend mit Kokosmilch übergossen.

Das süße Leckermaul kann sich aber auch an *pisang goreng*, in Teig **gebratenen Bananen**, laben, die oft mit Honig verfeinert werden. Manchmal bekommt man auch gebratene Ananasscheiben *(nanas goreng)*.

In der malaiischen Küche folgt man den **Gesetzen des Koran** und unterscheidet bei Lebensmitteln grundsätzlich zwischen *halal* (arab. „erlaubt") und *haram* (arab. „verboten"). Letzteres wird in Malaysia auch *non-halal* genannt. Zu den gemäß Koran unzulässigen Nahrungsmitteln gehören z. B. Schweinefleisch, Blut und Alkohol, aber auch das Fleisch von Tieren, die nicht nach den Riten des Islam getötet wurden.

Malaiische Desserts: in Teig gebackene Früchte und ebenso bunte wie süße Küchlein („kueh")

Indische Küche

Auch diese Küche bietet viel Exotisches, allem voran eine **Vielzahl von Currygerichten** *(karis)*. Aus unterschiedlichsten Gewürzen hergestellt, pendeln diese zwischen mild und feurig.

Die malaysisch-indische Küche lässt sich nach den Regionen der einstigen Heimat differenzieren, aus denen die Einwanderer ursprünglich stammen. Die meisten sind **Tamilen** aus dem Süden Indiens – somit dominiert die **südindische Küche.** Als Grundlage wird **gekochter Reis** serviert, dazu verschiedene Gemüsearten, Fisch und Meeresfrüchte. Häufig werden die Gerichte mit Kokosmilch abgeschmeckt, als harmonisierendes Gegengewicht zu den reichlich verwendeten Chilis, Curryblättern und anderen Gewürzen.

Nordindische Gerichte kommen häufig ohne Reis aus. Sie bestehen vor allem aus Brotfladen: *chapati, naan* oder *roti* (Fladenbrot mit Ei). Dazu reicht man dann Gemüse und Fleischgerichte, oft Lamm oder Huhn, sowie Currysoßen. **Rotis** sind auch eine beliebte Zwischenmahlzeit, denn sie lassen sich unterschiedlich belegen; z. B. mit Ei *(roti telur)* oder Bananen *(roti pisang)*, während **„roti canai“** (gesprochen: „tschanei“) nur den Brotfladen mit einer oder mehreren Currysoßen bezeichnet. Sättigender ist **„murtabak“**, eine Art dicker, mit Gemüse, Ei, Fleisch oder Fisch gefüllter Pfannkuchen.

Ein typisches Gericht Penangs ist **„nasi kandar“.** *Nasi* bezeichnet den gekochten Reis und *kandar* das schwere Holz, das sich die Händler früher über die Schultern legten und an dessen Enden die mit Speisen gefüllten Behälter baumelten. Zum Reis werden Gemüsegerichte, Fisch, Garnelen und verschiedene Curryvarianten serviert. Heute werden die Beilagen aber in Schalen und Schüsseln angeboten.

Typisch sind auch die **„banana leaf meals“**, bei denen die Speisen statt auf Tellern auf einem **Bananenblatt** serviert werden. In der Mitte wird der Reis platziert, drum herum drapiert man die Gemüsebeilagen, Curryvarianten, Linsen *(dal)*, Fleisch oder Fisch. Gegessen wird ausschließlich mit den Fingern; Besteck muss man meist extra ordern.

057pn-ho

⊳ *Sup Hameed (s. S. 49) ist ein klassisches indisches Lokal*

Chinesische Küche

„Chinesisch" zu essen, ist eigentlich gar nicht möglich, weil die Restaurants, die von Chinesen betrieben werden, jeweils **regionale Spezialitäten** servieren. Allen gemeinsam ist eher das Drumherum: Man sitzt an **großen, runden Tischen** mit einem **Drehteller in der Mitte**, in einem kleinen Schälchen wird eine Mischung aus Sojasoße und klein geschnittenen Chilis kredenzt, separat kommt auch der Reis auf den Tisch. Alle Gerichte werden auf dem Drehteller oder daneben drapiert, sodass möglichst jeder von jedem Gericht kosten kann. Erst dann beginnen die Unterschiede, die sich aus den verschiedenen Esskulturen ableiten, welche die einst aus den verschiedenen **Regionen Chinas** eingewanderten Chinesen mitgebracht haben.

Viele malaysische Chinesen haben ihre Wurzeln in der **Provinz Kanton,** sodass diese Küche besonders häufig zu finden ist. Die Gerichte sind leicht und delikat-mild gewürzt, häufig wird Ingwer verwendet. Klassiker sind **Dim Sum** (gedämpfte Teigtaschen) und **Frühlingsrollen.** Weit verbreitet ist die **Peking-Küche,** deren Geflügelgerichte, allen voran die Peking-Ente, weltweit Beachtung finden. Aus der **Region Teochew** stammt das schmackhafte *steamboat (hot pot),* eine Art Fondue, bei dem Fisch, Fleisch, Tofu und Gemüse roh in siedender Brühe gegart werden. Aus **Hainan** kommen die mit pikanten Soßen aus Knoblauch, Chili, Soja und Sesam angemachten Gerichte wie *chicken rice.* Wer es gut gewürzt bis scharf mag, sollte unbedingt die **Sichuan-Küche** probieren, die mit viel Chili, Knoblauch und Kampfer auch schon mal Gaumen zum „Brennen" bringt. Sehr lecker sind Sichuan-Entenbraten oder *chili chicken.* Aus der **Hokkien-Küche** stammt das Gericht *bak kut teh:* Schweinerippchen, die in einem Kräutersud mit Gewürznelken, Knoblauch und Shiitakepilzen geköchelt werden. Als *chi kut teh* gibt es das Gericht auch mit Hühnchen. Weitere in Malaysia beliebte Hokkien-Speisen sind *popiah* (Frühlingsrollen) und *Hokkien mee* – hier werden dicke Eiernudeln mit Fleisch, Fisch, Meeresfrüchten und Gemüse gebraten und mit einer dicken Sojasoße kredenzt.

Die **Küche der Hakka** ist bekannt für das Gericht *yong tau foo,* einen gefüllten Tofukuchen, der mit Nudeln, Chilis, Fisch oder Seafood in einer klaren Brühe gekocht wird.

In nahezu allen Restaurants bekommt man das **nur in Malaysia beheimatete Curry Mee,** eine aromatische, sättigende Nudelsuppe. Weizen- oder Reisnudeln werden in einer würzig-scharfen Currysuppe mit viel Chili, Knoblauch, Zitronengras und Kokosmilch serviert; dazu gibt es Sojasprossen, Tofu, Garnelen, Fisch, Huhn oder Ei, häufig garniert mit Minzblättern.

Aus den chinesischen Küchen stammen zudem exotisch-teure Spezialitäten wie **Haifischflossensuppe, Vogelnestersuppe** (Schwalbennestersuppe) und **Tausendjährige Eier** (100-Jahr-Eier). Haifischflossensuppe mag zwar ein Klassiker auf vielen Speisekarten sein, doch sei hier aus Gründen des Tier- und Umweltschutzes vom Verzehr abgeraten. Bei der Vogelnestersuppe handelt es sich um eine Brühe, in der zuvor die Schleimnester der Salanganen (Seglervögel) ausgekocht werden. Tausendjährige Eier machen ihrem Namen alle Ehre, denn die rohen Enteneier werden durch Fermentation konserviert.

056pn-ho

Nyonya-Küche

Diese besonders auf Penang beheimatete Küche steht für den **Mix aus malaiischer und chinesischer Kochkunst.** Sie geht zurück auf die Bevölkerungsgruppe der **Peranakan** (s. S. 36), die sich in den ehemaligen britischen Kolonien der Straits Settlements entwickelte, als eingewanderte Chinesen malaiische Frauen heirateten. Sie selbst nannten sich *Baba* (für die Männer) und *Nyonya* (für die Frauen). Im Zuge der Verschmelzung der Kulturen kam es auch zu einer Vermischung der gastronomischen Traditionen.

Die daraus entstandenen Gerichte sind meist milder und geschmacklich feiner abgestimmt. Gern verwendet man **Schweinefleisch und Krabbenpaste** *(belancan)* sowie **Kokosmilch, Tamarinde und Chili.** Zu den Nyonya-Klassikern gehören *otak-otak,* eine im Bananenblatt gegrillte Krabben- oder Fischpaste, **Laksa,** eine gehaltvolle Reisnudelsuppe mit Kokosmilch, sowie die bereits erwähnten farbenprächtigen, süßen Kuchen namens *kueh.* **Asam laksa,** die lokale Laksavariante auf Penang, besteht hingegen nicht aus Kokosmilch, sondern hat eine säuerliche Tamarindensoße als Basis. In Asam steckt das malaiische Wort *masam,* das „sauer" bedeutet.

Wo man isst und trinkt

Für den Touristen ist es einfach, sich ausschließlich auf **Restaurants mit westlicher Speisekarte** zu konzentrieren, allerdings ist es ungleich spannender, sich auf eine kulinarische Entdeckungsreise in die Welt der malaysischen Esslokale zu begeben. Hier erwartet den Besucher jede Menge **Lokalkolorit.**

Abends verwandeln sich viele Straßen und Gehwege in kleine gastronomische Inseln, wenn die sogenannten **„Hawker"** ihre **fahrbaren Garküchen** („**Hawker Stalls**") aufbauen und

⌃ *Snacks und Fast Food à la Penang*

Smoker's Guide

Rauchen wird auch in Malaysia als **gesundheitliches Problem** betrachtet. Zum einen sind Zigaretten mit hohen Steuern belegt worden, auch wenn sie für Europäer immer noch vergleichsweise günstig sind. Zum anderen zieren die Packungen große Farbfotos der verschiedenen, durch Rauchen verursachten Erkrankungen. Außerdem gelten **an vielen öffentlichen Orten Rauchverbote.** So darf man in Krankenhäusern, Shoppingmalls, Schulen, öffentlichen Toiletten und Aufzügen ebenso wenig rauchen wie in klimatisierten Restaurants oder öffentlichen Verkehrsmitteln. Rauchern bleibt nur die „Flucht“ auf den **Gehweg** oder der Aufenthalt im **Open-Air-Restaurant.**

ihre Leckereien anbieten, so z.B. in der Lebuh Chulia (s. S. 51). Meist ist es tatsächlich nur ein Gericht, auf das sich die Köche spezialisiert haben. Die Speise eines Essensstandes lässt sich jedoch prima mit den Gerichten benachbarter Hawker kombinieren. Die Kultur der mobilen Essensstände entwickelte sich bereits im 18. Jh., um den hungrigen Arbeitern in den Städten kostengünstige warme Mahlzeiten in großer Bandbreite anzubieten.

Eine besondere Variante der Hawker Stalls sind die **Mamak Stalls.** Sie werden von **muslimischen Tamilen (Indern)** betrieben. Dort erhält man z.B. typische malaiische und indische Speisen und Getränke, z.B. *roti canai, murtabak* und *teh tarik.*

Auf Parkplätzen und an Verkehrsknotenpunkten trafen sich die Garküchen über die Jahre so regelmäßig, dass mittlerweile **Hawker Centres** entstanden sind, also Ansammlungen stationärer Garküchen mit Tischen in der Mitte. Häufig sind diese heute überdacht; viele haben sich in den Ober- oder Untergeschossen der Shoppingmalls (s. Liste S. 52) oder an zentralen Bus- und Bahnstationen angesiedelt. Dann spricht man von sogenannten **Food Courts.** Die Vorteile liegen auf der Hand: Hier gibt es eine schier unermessliche Auswahl, die von westlichem Fast Food bis zu asiatischen Gerichten aller Art reicht, außerdem ist eine bessere Kontrolle der hygienischen Zustände möglich.

In Hawker Centres ist das **Bestellsystem** sehr ausgeklügelt: Man sucht sich zunächst einen Tisch aus, merkt sich die **Tischnummer** (in der Mitte oder am Rand angebracht) und geht dann zu den Garküchen. Unter Nennung der Tischnummer bestellt man beim einen Fleisch oder Fisch, beim anderen Beilagen, beim nächsten eine Suppe oder Getränke. Dann kehrt man zu seinem Platz zurück und das frisch zubereitete Essen wird einzeln an den Tisch gebracht. Meist **zahlt man** dann **direkt.**

Eine weitere Variante ist der **Kopitiam** bzw. **Kedai Kopi** („Coffeeshop“). Die meist zur Straße hin offenen Lokale werden oft von mehreren Hawkern bewirtschaftet, wobei jeder Wirt auf eigene Rechnung arbeitet.

Im Vergleich zu den vorgestellten Lokalitäten ist ein **Restoran** (das malaiische Wort für „Restaurant“) vergleichsweise teurer und fast immer klimatisiert. Hier sitzt man, ähnlich wie in den typischen chinesisch-malaysischen Lokalen, an großen, runden Tischen, an denen ohne Problem bis zu zwölf Personen Platz finden.

Und die **Hygiene?** Skeptikern sei Folgendes ans Herz gelegt: Erstens gibt es auf Penang ein gut funktionierendes System der staatlichen Lebensmittelüberwachung mit Klassifizierung aller Lokale, die sichtbar angebracht sein muss. Zweitens haben offene Garküchen den Vorteil, dass man ihre Sauberkeit direkt beurteilen kann. Drittens kann die Anwesenheit vieler Einheimischer ein Hinweis auf gutes Essen sein. Und viertens sollte man sich klarmachen, dass große Restaurants nicht deshalb hygienischer arbeiten, nur weil man die Küche nicht sieht.

Trinkgeld

Trinkgelder sind **in Malaysia unüblich,** da eine *service charge* in Höhe von 10 % automatisch auf Hotel- und Restaurantrechnungen aufgeschlagen wird. Hinzu kommt eine *government tax* in Höhe von 5 %, erkennbar an den Zeichen + und $$ auf der Rechnung. In kleineren Lokalen und einfachen Hotels irritiert ein Trinkgeld. In **Häusern mit internationalem Standard** ist ein kleines Trinkgeld für besondere Dienste willkommen.

EXTRATIPPS

Lokale mit guter Aussicht

- **Sarkies** (s. S. 50). Das traditionsreiche Sarkies residiert im Eastern & Oriental Hotel 9. Eine leichte Seebrise rauscht in den Bäumen, man schaut direkt auf den Ozean – Entspannung pur. Wer den Blick etwas weiter schweifen lassen möchte, sollte sich zur Poolside Terrace im Victory Annexe des Hotels begeben.
- **Sea Pearl Lagoon Cafe** (s. S. 47). Unmittelbar am Meer speist man hier im herrlichen Ambiente eines typisch malaysischen Lokals. Boote dümpeln auf den Wellen und es riecht nach Meer. Abends zum Sonnenuntergang ist es hier besonders lauschig.
- **Sky Terrace** (s. S. 43). Hoch oben auf dem Penang Hill (Bukit Bendera) 29 genießt man Snacks und Getränke bei bestem Ausblick über weite Bereiche der Insel.
- **The View** (s. S. 50). Der Name sagt alles: Hier bietet sich dem Gast eine tolle Sicht über Teile von George Town und die Brücke zum Festland.
- **Three-Sixty Revolving Restaurant and Sky Bar** (s. S. 50). Von der 17. Etage des Bayview Hotels eröffnet sich ein grandioses Panorama über George Town.

Lecker vegetarisch

Vegetarier kommen vor allem in **indischen Restaurants** auf ihre Kosten, da sich viele Hindus traditionell vegetarisch ernähren. Auf der **Website www.happycow.net/asia/malaysia/penang** findet man aktuelle Tipps zu vegetarischen und veganen Restaurants. Sehr empfehlenswert ist beispielsweise das Lokal **Ee Beng Vegetarian Food.** Hier werden alle Gerichte in Form eines Buffets serviert und man hat eine gute Auswahl.

- **Ee Beng Vegetarian Food** $ <106> 18 Lebuh Dickens, Tel. 04 2629161, geöffnet: tgl. 8–21 Uhr

Kochkurse

Möchte man mehr über die vielfältigen Kochkünste Penangs erfahren, kann man sich an die Betreiber von **Burmah 108 Food & Culture** wenden. Die drei ehemaligen Klassenkameraden haben eine ganz besondere Kochschule aufgebaut. Hier erlebt man authentische Zubereitungsarten, hört spannende und amüsante Geschichten und kann selbstverständlich selbst den Kochlöffel schwingen.

- **Infos und Buchung:** http://burmah108.wix.com/burmah108

Was wo kaufen?

Das Angebot an Shoppingmöglichkeiten ist auf Penang ausgesprochen groß. Neben klassischen Einzelhandelsgeschäften bieten Straßenhändler allerlei Waren feil und in den unzähligen Malls findet man internationale Markenprodukte.

Früher war Penang ein **Freihafen** und deshalb zollfrei; dies ist jedoch schon seit Jahren vorbei. 2015 wurde eine **Mehrwertsteuer** *(goods and services tax, GST)* in Höhe von 6 % eingeführt. Viele Güter sind im Vergleich zu Europa ausgesprochen günstig, bei anderen sind die Preise zumindest Verhandlungssache. Es ist ratsam, sich im Vorfeld über die heimischen Preise von teurer Markenware zu informieren, um die malaysischen Preise besser einschätzen zu können. Zudem gilt es, die **Zollbestimmungen** (s. S. 97) zu beachten.

058pn-ho

International bekannte **Marken** und **Elektronik** vom Smartphone bis zur Kamera bekommt man am ehesten in den großen **Shoppingmalls** (s. Liste S. 52). Will man **Alltagskleidung** kaufen, wird man in den Geschäften in George Town oder Batu Ferringhi (32) fündig. In **George Town** sind die Straßen von **Chinatown** die richtige Adresse, während man in **Little India** vor allem traditionelle indische Kleidung bekommt (z. B. beim Little India Market, s. S. 51). Rund um den **Komtar Tower** (25) gibt es vom Supermarkt bis zum teuren Elektronikfachgeschäft die vielfältigsten Shoppingmöglichkeiten. Auf dem **Night Market (Pasar Malam)** (33) in Batu Ferringhi lassen sich jeden Abend **„original copies"** internationaler Markenprodukte erstehen – man beachte aber auch hier die Zollvorschriften.

Möchte man **Schmuck** erwerben, gibt es in George Town verschiedene Möglichkeiten: Bei den Juwelieren in der **Lebuh Campbell** gibt es vornehmlich Schmuck mit chinesischen Ornamenten, in der **Jalan Masjid Kapitan Keling** findet man eher Stücke mit indisch inspirierter Gestaltung. **Gold** ist graduiert in 18, 22 oder 24 Karat. Rechnet man dies in die uns bekannten Reinheitsgrade um, so stehen 18 Karat für 750er, 22 Karat für 916er und 24 Karat für 999er Feingold. Die in Europa häufig genutzten Reinheitsgrade von 333er oder 585er Feingold würden in Malaysia 8 bzw. 14 Karat entsprechen – diese werden hier aber kaum gehandelt. Der **Schmuckpreis** orientiert sich stets am Tageswert des Goldes, der

Rund um die Uhr geöffnet: Filiale der Supermarktkette Happy Mart (s. S. 52)

059pn-ho

in jedem Geschäft gut sichtbar aushängt. Gefällt ein Stück, wird es gewogen und dann der Preis berechnet. Wer Gold als Wertanlage kaufen möchte, kann meist auch Barren ab 10 Gramm erstehen. Die **Einfuhr von Gold** muss in jedem Fall beim **Zoll** deklariert werden, auch wenn man unterhalb der Freigrenze bleibt.

Zu den **landestypischen Souvenirs** zählen beispielsweise Produkte aus **Batik** (s. S. 61), etwa Tücher, Tischdecken oder Sarongs, und aus **Zinn** (s. S. 98). Mitbringsel bekommt man praktisch überall; in **George Town** empfehlen sich vor allem die **Jalan Penang** am Rande von **Chinatown**, für besonders stilvolle Andenken bietet sich der **Bombay Shop** im Eastern & Oriental Hotel 9 an. Die größte Auswahl an Zinnprodukten hat man im **Royal Selangor Visitor Centre** (beides s. S. 53).

In **Batu Ferringhi** kommen Souvenirjäger in fast allen Geschäften entlang der Hauptstraße **Jalan Batu Ferringhi** auf ihre Kosten. Auch an den **Hauptsehenswürdigkeiten** wie dem Kek Lok Si Temple 30 oder dem Wat Chaiya Mangkalaram 27 werden sie fündig.

EXTRAINFO

Achtung, Zoll!

So günstig die Luxusmarken auch sein mögen, nach Europa **eingeführt** werden dürfen nur **Waren bis maximal 430 €.** Ist der Wert höher, muss man die Waren deklarieren und den Zoll sowie 19 % MwSt. entrichten. Das mag immer noch preiswerter sein, als daheim zu kaufen, aber die Spanne verringert sich doch erheblich.

Bei **Plagiaten** kann der Zoll die Waren grundsätzlich konfiszieren. In der Praxis wird bei einzelnen Stücken ein Auge zugedrückt, anders ist dies aber, wenn **gewerblicher Handel** unterstellt wird. Das ist der Fall, wenn große Stückzahlen und unterschiedliche Kleidergrößen im Gepäck gefunden werden.

Generell nicht eingeführt werden dürfen **Gefahrgüter**, die gegen das Waffenrecht verstoßen, also Messer, Wurfsterne, Elektroschocker u. Ä., ferner **Produkte geschützter Tier- oder Pflanzenarten.**

Tempeldevotionalien für Hindus führt dieser kleine Laden

KURZ & KNAPP

Zinn

Jahrzehntelang war Malaysia weltweit einer der **Hauptlieferanten** dieses Schwermetalls. Mittlerweile belegt das Land nur Platz 9 der internationalen Rangliste. Gleichwohl ist *pewter,* wie Zinn im Englischen genannt wird, nach wie vor ein beliebtes Souvenir für Malaysia-Reisende. Das Metall wird in riesigen Minen abgebaut und dann in Formen gegossen, die zum Beispiel als Teller, Becher, Kannen, Bilderrahmen oder als **Abbild von Sehenswürdigkeiten** (z. B. der Penang Bridge) verkauft werden.

060pn-ho

Fast alles, was das Herz begehrt, bekommt man in George Towns Stadtteil Little India

An jedem letzten Sonntag im Monat lohnt der Besuch des **Little Penang Street Market** (s. S. 51). Dieser **Flohmarkt** bietet eine reiche Auswahl an Souvenirs und häufig auch typische Haushaltswaren wie Woks, Töpfe und Besteck.

Handeln – gehört dazu und spart Geld

In einer ganzen Reihe von **Geschäften,** in jedem Fall aber auf allen **Märkten,** sind die Preise Verhandlungssache. Andernfalls wird man den Kunden auf **Festpreise** *(fixed prices, harga pas)* hinweisen.

Beim Handeln geht man am besten wie folgt vor: Bei Interesse an einer Ware überlegt man sich zunächst, wie viel man maximal ausgeben würde, fragt dann nach dem Preis und unterbietet diesen um **etwa 25–30 %** Ist der Händler nun nicht mehr interessiert, war der genannte Preis viel zu niedrig. Ansonsten nennt er einen neuen Preis, eventuell betont er dabei seinen „großen Verlust" bei günstigerem Verkauf und den „hohen Wert" seiner Ware. Die **Verhandlungen** können dann eine Weile geführt werden. Ist keine Einigung in Sicht, hilft es meist, sich zu bedanken und den Stand oder Laden zu verlassen. Ist der Händler noch interessiert, wird er dem potentiellen Käufer weiter entgegenkommen.

Sehr hilfreich ist es, die **Zahlen und wichtige Floskeln auf Malaiisch** (s. Sprachhilfe auf S. 134) zu kennen – das macht die Verhandlungen einfacher und erhöht gleichzeitig den Spaßfaktor. Außerdem gebietet es die Höflichkeit, die Ware nach erfolgreichen Verhandlungen auch tatsächlich zu kaufen, statt plötzlich nicht mehr interessiert zu sein.

Natur erleben

Ursprünglich war Penang, wie ganz Malaysia, überwiegend von **tropischem Regenwald** bedeckt. Heute findet man diesen nur noch in sehr begrenzten Gebieten vor, etwa im **Taman Negara Pulau Pinang (Penang National Park)** 41. Im Süden und Südwesten der Insel spielt die **Landwirtschaft** eine wichtige Rolle. Neben dem **Reisanbau** bei Balik Pulau 44 sind vor allem die **Obstplantagen** mit Kokos, Durian, Rambutan und Jackfrucht (s. Exkurs S. 87) zu nennen.

Lebensraum tropischer Regenwald

Im allgemeinen Sprachgebrauch wird der Begriff häufig mit **Urwald** oder **Dschungel** gleichgesetzt. Gemeint ist eine Lebensgemeinschaft unterschiedlicher Pflanzen- und Tierarten, bedingt durch ein ganz spezielles Klima.

Tropischer Regenwald ist ein Sammelbegriff, der **drei Waldtypen** umfasst: den Tieflandregenwald, den man in Regionen bis ca. 800 m findet, den Bergregenwald, den man in Höhen von 800 bis 1500 m antrifft und der in höheren Lagen (bis 2500 m) in den Nebelwald übergeht. Malaysias Regenwälder gehören infolge der verschiedenen Höhenlagen zu allen drei Typen, auf **Penang** findet man allerdings nur den **Tieflandregenwald.**

Tropische Regenwälder werden im Wesentlichen durch zwei Faktoren bedingt: Temperatur und Niederschlagsmenge. Die **Temperatur** liegt durchschnittlich zwischen 24 °C und 28 °C. Die jährliche **Niederschlagsmenge** beträgt mindestens 1700 mm; außerdem treten nicht mehr als drei trockene Monate mit Niederschlägen unter 100 mm auf.

Javaneraffen sind überall auf der Tropeninsel zu finden

063pn-ho

Im Zusammenhang mit der Niederschlagsmenge und der Temperatur steht die relative **Luftfeuchtigkeit**, die in den Randgebieten des Waldes im Laufe des Tages zwischen 40 und 100 % schwankt. Mit Sonnenaufgang nimmt sie ab, um sich dann mit der aufziehenden Bewölkung wiederum zu erhöhen. Inmitten des Regenwaldes liegt die Luftfeuchtigkeit bis in eine Höhe von ca. 5 m annähernd konstant bei Werten um 95 %. Dieses Phänomen erklärt sich dadurch, dass in der bodennahen Region fast kein Wind weht und keine nennenswerte Sonneneinstrahlung bis zum Waldboden dringt, die eine trocknende Wirkung hätte.

Der Begriff **Dschungel** geht wohl auf das Sanskrit-Wort *jangala* zurück und bezeichnet undurchdringliches Dickicht, so wie der Regenwald, entgegen jeder Realität, in vielen Abenteuerfilmen dargestellt wird. Dickichte findet man, wenn überhaupt, nur am Waldrand, doch dazu gleich mehr.

Kokospalmen wachsen an den Stränden Penangs; Vorsicht vor herabfallenden Früchten!

Die Stockwerke des Regenwalds

In jedem Regenwald lässt sich eine klar strukturierte **Schichtung** beobachten: Die **Kronenregion**, die das Dach des Waldes bildet, ragt bis zu 40 m hoch auf. Sie wird von einzelnen **Baumriesen** durchbrochen, die 50, in einzelnen Fällen sogar 70 m Höhe erreichen (sogenannte Überständer). Eine zweite Baumschicht bildet ihre Kronen in ca. 30 m Höhe, die dritte und niedrigste Schicht findet man in 10 m Höhe. Eine Strauchschicht fehlt völlig, Moos- und Krautschichten sind nur spärlich vorhanden. **Dickichte** können nur entstehen, wo genügend Licht den Boden erreicht, z. B. an Wasserläufen und Lichtungen. Solche **Lichtungen** entstehen, wenn ein Baumriese zu Boden fällt oder gefällt wird, da er großräumige Löcher in die umgebende Vegetation reißt. An solchen Stellen entsteht dann nicht nur starker Unterwuchs, sondern es wachsen auch schnell neue Bäume heran, da zwischen den Arten eine sehr starke Konkurrenz um den günstigsten Platz an der Sonne herrscht.

In vielen Gebieten der Erde kamen Eiszeiten vor, die Flora und Fauna veränderten und mineralreiche Böden hinterließen. In Südostasien dagegen gab es **nie eine Eiszeit**, sodass sich eine besonders **reichhaltige Flora und Fauna** etablieren konnte. Zum Vergleich: In unseren Wäldern findet man etwa ein Dutzend Baumarten, in denen der malaysischen Inselwelt rund 3.000! Allerdings geschieht dies auf Kosten wenig nährsalzreicher Böden.

Dies liegt an den Faktoren Feuchtigkeit und Temperatur. Fallen Pflanzenteile zu Boden, werden sie von den reichlich vorkommenden **Mikroorganismen** sofort zu Mineralien zersetzt, die dann wiederum anderen Pflanzen als Dünger dienen (Gleiches geschieht mit Aas und Kot). So kann sich aber nie eine dickere Humusschicht als maximal 30 cm entwickeln. Das darunter befindliche **Lateritgestein** macht es für die Bäume unmöglich, ein stützendes, unterirdisches Wurzelwerk auszubilden. Um trotzdem eine gute Standfestigkeit zu erlangen, bilden sich **Brettwurzeln** aus, die den Baum bis in 10 m Höhe abstützen.

Vom Ende der Brettwurzeln bis zur Krone fehlen den Bäumen normalerweise jegliche Verästelungen, denn es steht nicht genügend Licht zur Verfügung. Eine **Artenbestimmung** ist häufig nur über die **Blätter** möglich, aber auch nicht immer erfolgreich, da man vom Boden nicht genau erkennen kann, von welchem Baum ein gefundenes Blatt stammt. Besonders verwirrend ist es, wenn die Blätter eines Baumes oder die zweier benachbarter Bäume einer Art unterschiedlich gefärbt sind, denn im **gleichmäßigen Klima** der Tropen **fehlen die Jahreszeiten** und das Wachstum frischen Laubwerks geht einher mit dem Abwerfen des alten. Einige Arten haben zwei- oder gar dreimal jährlich Blütezeit, andere nur alle zwei Jahre.

Von Aufsitzerpflanzen und Würgfeigen

Der Regenwald beherbergt nicht nur Bäume, sondern auch eine Menge anderer Pflanzen, die allerdings nicht auf dem Boden wachsen. Weil dorthin zu wenig Licht gelangt, haben solche **Epiphyten (Aufsitzerpflanzen)** die Fähigkeit entwickelt, auf anderen Pflanzen zu leben. Zu ihnen gehören z. B. **Orchideen** und **Baumfarne.** Ihre Nährsalze beziehen sie vor allem aus dem Regenwasser, das durch sehr kompliziert gebaute Trichter (Zisternen) aufgefangen wird.

In diesem Zusammenhang ist die **Würgfeige** *(Ficus)* besonders interessant. Sie lebt zunächst hoch oben in den Astgabeln der Bäume. Im Laufe der Zeit entwickelt sie Wurzeln, die bis zum Boden reichen und den ursprünglichen Baum nach und nach umschließen. Schließlich bilden die Wurzeln eine Krone, die dem Baum das Licht entzieht und so zu dessen Absterben führt.

Lianen wurzeln im Boden und wachsen mithilfe von Ranken in die Höhe. Sie werden bis zu mehrere Hundert Meter lang. Andere Arten, z. B. Rattanpalmen, nutzen Hakendornen, um in die Höhe zu gelangen.

Die Pflanzen verbreiten sich über **Samen**, die in ihrer Größe sehr variabel sind: Die Palette reicht vom staubfeinen Samen der Orchideen über gleitfähige Samen von Überständern bis zu den großen Samen in Früchten, z. B. von Papaya, Durian und Brotfrucht.

064pn-ho

Der Puderquastenstrauch stammt urprünglich aus Mittelamerika und besticht durch seine filigranen Blüten

Die Tierwelt Penangs

Ebenso vielfältig wie die Pflanzenwelt ist die Fauna. Dabei steht dem **großen Artenreichtum** eine **geringe Individuenzahl** gegenüber. **Tiere im Regenwald** zu beobachten, ist sehr schwer, da ein großer Teil von ihnen in den höheren Baumregionen lebt oder nachtaktiv ist. Nur ein geringer Prozentsatz ist tagaktiv und bodenbewohnend. Die Tiere, auf die man am häufigsten trifft, sind **Insekten.**

Ansonsten hört man **Vögel, Affen und Frösche.** Im dichten Blätterdach der Bäume nehmen sie über Schreie Kontakt zu ihren Artgenossen auf. Ein großer Teil der Tiere ist **auffällig gefärbt**, um im einheitlichen Grün für ihresgleichen sichtbar zu sein, andere weisen damit auf ihre (angebliche) Giftigkeit hin.

Tiere, die auf Bäumen leben, zeigen zum Teil überraschende **Anpassungen**, wie die **Gleitflughäute**, die sich bei einer Baumschlangenart (der Schmuckbaumnatter, *Chrysopelea*), einer Froschart *(Rhacophorus nigropalmatus)* und einer Echsenart (dem Flugdrachen, *Draco*) ausgebildet haben. Affen, wie der auf Penang sehr seltene **Gibbon**, haben teilweise überlange Arme entwickelt, um im Regenwald perfekt zum Hangeln und Schwingen ausgerüstet zu sein. Häufiger kann man aber **Schweinsaffen** und **Haubenlanguren** beobachten. Nicht zu vergessen die **Javaneraffen**, die keine Scheu vor dem Menschen kennen und sich nicht nur auf Penang zu einer echten Plage entwickelt haben.

Neben den bereits erwähnten Insekten, allen voran den leider auf der ganzen Insel verbreiteten, lästigen **Mücken**, sieht man manchmal **Zikaden** – stets kann man ihr Schnarren vernehmen. Anmutig tanzen überall **Schmetterlinge** durch die Luft. An und in Gebäuden findet man häufig kleine **Geckos** auf der Jagd nach Insekten. An Wasserläufen, und manchmal auch im Müll, entdeckt man mitunter bis zu zwei Meter lange **Bindenwarane**, gut erkennbar an ihrer dunklen Haut mit hellen (gelblichen) Flecken. Hinzu kommen die auf Waldwegen anzutreffenden, ca. 15 bis 20 cm langen **Skinke (Glattechsen)**, bei welchen der Kopf nicht vom Körper abgesetzt ist.

Viele Menschen fürchten sich in den Tropen vor **Schlangen.** Diese sind auch auf Penang beheimatet, aber in der Regel sieht man sie nicht, da sie sich bei kleinsten Geräuschen oder Erschütterungen zurückziehen. Hier sind verschiedenste Arten, von hochgiftigen Kraits und Kobras bis zu ungiftigen, aber meterlangen Pythons vertreten. Wer Schlangen hautnah erleben möchte, für den ist der Besuch des **Snake Temple (Chor Soo Kong Temple)** 50 ein Muss. Hier findet man die giftigen, grün gefärbten **Lanzenottern.**

Angeblich werden in den Flüssen des Nationalparks immer mal wieder **Krokodile** gesichtet, wahrscheinlich handelt es sich dabei aber um die bis zu zwei Meter langen **Bindenwarane.** Andererseits hat die Krokodilpopulation in Malaysia in den letzten Jahrzehnten wieder deutlich zugenommen.

Flora und Fauna an den Küsten

Der Regenwald geht an den Küsten zumeist in **Mangrovenvegetation** über. Mangroven wachsen im Gezeitenbereich. Mit ihren Stelzwurzeln stehen sie mal ganz im Wasser, dann wieder nahezu trocken. Dies erfordert besondere Anpassungen, etwa spezielle Organe, mit denen sie das Salz des Meerwassers ausscheiden können. Die Mangrovenvegetation wird vom **Forschungszentrum CEMACS** (Centre for Marine and Coastal Studies) erforscht. Diese Einrichtung befindet sich am Strand von **Teluk Ailing.**

In diesem Lebensraum kommen sehr eigentümliche Tiere vor, z. B. der **Schlammspringer,** ein Fisch, der mit „umgebauten" Flossen an Land springt und in Blasen am Kopf Meerwasser speichert, um mit seinen Kiemen auch außerhalb des Wassers atmen zu können. Hier leben auch die bunten **Winkerkrabben,** deren Männchen zwei unterschiedlich große Scheren besitzen, um Weibchen anzulocken. Eine der Scheren ist allerdings so groß, dass sie sich kaum fortbewegen können und ständig nach vorne zu kippen drohen.

An den Stränden findet man häufig **Kokospalmen, Strand-Kasuarinen,** die Besuchern mit ihren feinen, nadelförmigen Blättern Schatten spenden, und **Alexandrina-Lorbeerbäume** *(Calophyllum inophyllum)* mit ihren sehr großen, rundlichen Blättern.

An den Stränden Penangs kommen die **Meeresschildkröten** alljährlich zur **Eiablage** an Land, etwa am **Pantai Kerachut** [A3] im Nationalpark. Zwischen April und August sorgt die **Grüne Meeresschildkröte** *(Chelonia mydas, green sea turtle),* auch bekannt als Suppenschildkröte, dort für Nachwuchs. Manchmal legt auch die **Oliv-Bastardschildkröte** *(Lepidochelys olivacea, olive ridley sea turtle)* ihre Eier hier ab. In einer **Aufzuchtstation** werden die Jungtiere so lange vor Fressfeinden (z. B. Seevögeln, Waranen) geschützt, bis sie gefahrlos ins Meer entlassen werden können. Wichtig: Meeresschildkröten stehen unter **strengem Artenschutz!** Wenn sie abends bzw. nachts zur Eiablage an Land kommen, orientieren sie sich anhand der unterschiedlichen Helligkeit an Land und auf dem Wasser. Die bekannten **„Schildkrötenstrände"** sind **nachts gesperrt.** Trifft man dennoch mal auf ein Exemplar, sollte man es unbedingt vermeiden, ein Licht (Taschenlampe, Blitzgerät) einzuschalten. Man sollte es nur aus der Distanz beobachten und Fotos nur ohne Blitz (lange Belichtung, eventuell mit Stativ) schießen.

Am Monkey Beach [B2] kann man die Seele baumeln lassen

065pn-ho

Von den Anfängen bis zur Gegenwart

Wie in so vielen Gegenden der Erde ist auch die Geschichte Penangs eng mit dem Machtstreben europäischer Nationen verbunden. Obwohl nomadisierende Volksgruppen die Insel lange vor den Europäern zumindest zeitweise besiedelten und ihnen später malaiische Fischer folgten, kommt den Seefahrern und Abenteurern aus der Alten Welt die Ehre zu, Penang zu der Bekanntheit verholfen zu haben, die die Insel heute genießt.

1405–1433 Der chinesische Admiral Cheng Ho (auch Zheng He) unternimmt ausgedehnte Seereisen und berichtete wohl erstmals von der Insel Areca (benannt nach der Betelnusspalme), deren malaiischer Name Pulau Pinang (wörtlich: „Betelnuss-Insel") lautet.

Ende 15. Jh. Das europäische Interesse an der Insel wird geweckt, denn hier gedeihen Gewürze, die auf den internationalen Märkten viel wert sind: Pfeffer, Gewürznelken und Muskatnuss. Portugiesen, vom indischen Goa aus kommend, Briten und Holländer setzen ihre Marken auf der Insel.

16. Jh. Es kommt zu einem kurzen Intermezzo durch die Portugiesen, die ihren Handelssitz dann jedoch nach Malakka verlagern. Sie befinden sich stets im Wettstreit mit den Holländern, die auf Penang eine kleine Niederlassung ihrer Handelsvertretung *Vereenigde Oostindische Compagnie* (VOC) gründen.

Die letzte Ruhestätte von Francis Light auf dem Protestant Cemetery 10

078pn-ho

1592 Der Brite Sir James Lancaster landet auf der Insel, kehrt ihr aber rasch wieder den Rücken.

1613 Der niederländische Handelsposten fällt zurück an Portugal.

11. August 1786 Francis Light (s. S. 105) besetzt Penang im Namen der British East India Company und errichtet einen Handelsposten nahe dem heutigen Swettenham bzw. Kedah Pier. Eine erste Befestigung aus Holzpalisaden entsteht. Zu Ehren des britischen Thronfolgers benennt Light die Insel in Prince of Wales Island um. Ob der Sultan von Kedah, Abdullah Mukarram Shah, Light freiwillig gewähren lässt, ob militärische Macht eine Rolle spielt und ob Light tatsächlich eine Prinzessin aus Kedah heiratet, ist bis heute nicht geklärt. Light sagt dem Sultan zu, ihn bei Auseinandersetzungen mit dem Königreich Siam (heute Thailand) und Burma (heute Myanmar) militärisch zu unterstützen. Doch Light hält in den Augen des Sultans nicht wirklich Wort, da er zugleich den europäischen Einfluss ausweitet.

1790/91 Truppen des Sultans versuchen, gegen Lights Niederlassung vorzugehen. Doch die Truppen des Sultans haben gegen die Übermacht der British East India Company mit rund 7000 Matrosen und 70.000 gut ausgebildeten Soldaten keine Chance. Langwierige Verhandlungen beginnen, schließlich erreicht Francis Light sein Ziel: die Herrschaft über die gesamte Insel sowie einen Landstrich an der Küste des Festlandes. Auch der Sultan erhält Zugeständnisse: gesicherte Handelsrouten an der Küste Kedahs und eine jährliche Pacht. In der Folge bemüht

Der Begründer von George Town: Captain Francis Light

Francis Light wurde am 15. Dezember 1740 in Danninghoo in der Grafschaft Suffolk in England geboren. Er war der uneheliche Sohn von Mary Light und einem namentlich nicht bekannten Vater. Ein Verwandter aus dem Adel nahm sich rasch seiner Erziehung an und ermöglichte ihm schon in jungen Jahren eine Lehre bei einem Schiffsarzt. 1759 trat er als Mittschiffsmann in die Royal Navy ein und blieb dort auf verschiedenen Schiffen bis 1763.

Nach seinem Ausscheiden aus der Kriegsmarine reizte es ihn, sein Glück in den Kolonien zu suchen. Er reiste nach Madras und wurde im Auftrag der British East India Company Kapitän auf einem ihrer Schiffe. So gelangte er auf die Inseln Phuket und Penang.

1785 erlangte er großen Ruhm, als ihm zu Ohren kam, dass burmesische Truppen einen Angriff auf Phuket planten. Seine Warnung veranlasste die Herrscher der Insel dazu, Abwehrmaßnahmen zu ergreifen, die eine Eroberung Phukets verhinderten. Zugleich erkannte Light die grundsätzlich gefährliche Lage Phukets und plante, seine Niederlassung nach Penang zu verlegen. Im Auftrag der British East India Company verhandelte er mit dem Sultan von Kedah, Abdullah Mukarram Shah, der ihm die Insel unter der Bedingung überließ, ihm militärisch zur Seite zu stehen, falls Kedah von Burmesen oder Siamesen angegriffen werden sollte.

Zu jener Zeit soll er auch seine Frau Martina Rozells kennengelernt haben. Einige Quellen geben an, sie sei Tochter eines Portugiesen und einer Thai gewesen, andere Quellen behaupten, sie sei eine Prinzessin aus Kedah gewesen, die man Light „übergeben" habe, um den Vertrag zu festigen. In jedem Fall war sie Katholikin. Damals war es aber bei der British East India Company nicht möglich, einen angesehenen Posten zu bekleiden und mit einer Katholikin verheiratet zu sein. Aus diesem Grund wurde Martina Rozells nie nach britischem Recht Lights Frau, sondern die Hochzeitszeremonie fand nur nach traditioneller Art in Kedah statt. Das Paar hatte ingesamt fünf Kinder: drei Mädchen und zwei Jungen. William Light, der älteste Sohn, wurde später der oberste Landvermesser von South Australia und gründete die Stadt Adelaide.

Nachdem der Vertrag mit dem Sultan von Kedah unterzeichnet und die British East India Company bereit war, ihren Sitz nach Penang zu verlegen, betrat Light zusammen mit dem britischen Marinekapitän James Scott am 11. August 1786 die Insel. Light hisste die britische Flagge. Er nannte die Insel Prince of Wales Island und beauftragte als Erstes den Bau von Fort Cornwallis 2*. Angeblich ließ er mit den Kanonen seiner Schiffe Goldmünzen in den Wald schießen, um seine Besatzung zu motivieren, den Dschungel zu roden. Von nun an bestimmten sowohl Light als auch Scott die Geschicke der Insel und verwandelten sie in einen blühenden Handelsposten. Doch die Jahre in den Tropen forderten ihr Tribut: Light erkrankte an Malaria und starb am 21. Oktober 1794 an einem Fieberschub. Er wurde auf dem Protestant Cemetery* 10 *beigesetzt, wo sein Grabstein noch heute steht.*

sich Light um mehr Einwanderer. Er verspricht ihnen so viel Land, wie sie selbst roden können. Er schafft einen Freihafen, um den Handel zu begünstigen. Um 1800 zählt man auf Penang bereits über 10.000 Einwohner.

1804 Die ehemals hölzerne Befestigung am Meer wird zum Fort Cornwallis 2 umgebaut.

1826 Penang wird, zusammen mit Malakka, Singapur und Dingding, Teil des Straits Settlement, des Zusammenschlusses britischer Kolonien auf der malaiischen Halbinsel. George Town avanciert sogar zu dessen Hauptstadt.

1836 George Town verliert diesen Titel an das wirtschaftlich stärkere Singapur.

19. Jh. Die Insel wird besonders von chinesischen Einwanderern besiedelt und wandelt sich in einen Hauptumschlagplatz im Opiumhandel mit China. Der Handel, der fest in den Händen chinesischer Geheimbünde liegt, lässt Penang zu einem illustren, anrüchigen und oftmals gefährlichen Ort werden. Bordelle, Spielhallen und Opiumhöhlen bestimmen das Bild vor allem rund um den Hafen von George Town.

1941 Am 19. Dezember, nur zwölf Tage nach dem Angriff der Japaner auf Pearl Harbor, nehmen die Truppen des Tenno Penang nach kurzen Gefechten ein. Die Briten ziehen sich zuvor mit nahezu allen Europäern ins südliche Malaya bzw. nach Singapur zurück. So wird eine dreieinhalb Jahre währende dunkle Ära mit Massenerschießungen, Folter und Deportationen eingeleitet. Die japanischen Besetzer lassen die Thailand-Burma-Eisenbahnlinie von Zwangsarbeitern und Kriegsgefangenen bauen. Sie erlangt später als *death railway* traurige Berühmtheit; ihr bekanntestes Teilstück ist die Brücke am Kwai, bekannt aus dem gleichnamigen Film.

1945 Am 6. September kapitulieren die Japaner. Nach Kriegsende atmet ganz Südostasien auf. Allerdings hatte sich die Welt verändert. Das britische Königreich gehört zwar zu den Gewinnernationen des Zweiten Weltkriegs, hat der Welt aber auch seine Ohnmacht gezeigt. Die Menschen in der Region besinnen sich auf ihre nationale Identität und verlangen Souveränität.

1946 Es kommt zur Auflösung des Straits Settlement.

1948 Am 1. Februar wird Penang Teilstaat in der Föderation Malaya, wobei das Eiland zugleich britische Kronkolonie bleibt.

1957 Am 1. Januar erhält George Town im Namen der britischen Königin Elisabeth II. den Stadtstatus.

1963 Penang wird ein eigenständiger Bundesstaat im unabhängigen Malaysia.

1969 Penang verliert seinen Status als Freihafen, sodass eine deutliche Verschlechterung der wirtschaftlichen Lage einsetzt. In der Folge beginnt man, den Tourismus einerseits und die Elektronikindustrie andererseits aufzubauen. In den kommenden 20 Jahren wird das Eiland so zum „Silicon Valley of the East" und zugleich zur touristischen „Pearl of the Orient".

2004 Der verheerende Tsunami erreicht auch die Küsten Penangs. Im Vergleich zu anderen Gegenden bleiben die Schäden mit knapp 100 Toten und rund 1600 Obdachlosen aber noch recht harmlos.

2008 Die Altstadt von George Town wird, gemeinsam mit Malakka, in die Liste der Weltkulturerbestätten der UNESCO aufgenommen.

2015 Die Regierung in Kuala Lumpur erteilt der gesamten Insel den Stadtstatus.

2016 Im Juni beginnen die Arbeiten für einen Unterseetunnel, der Penang in Zukunft mit dem Festland verbinden soll. Zudem sind im Norden der Insel mehrere Autobahnen geplant.

PRAKTISCHE REISETIPPS

066pn-ho

An- und Rückreise

Der größte Teil der Besucher erreicht Penang mit dem **Flugzeug.** Die Anreise mit **Bus und Bahn** von Kuala Lumpur oder Singapur aus ist eine **preisgünstige Alternative,** allerdings dauert sie auch deutlich länger. Es besteht ferner die Möglichkeit, mit dem **Langstreckentaxi** nach Penang zu reisen: Die im Vergleich zu Bus und Zug höheren Preise lohnen sich, wenn man flexibel sein möchte, da man Abfahrtszeit und -ort selbst festlegen und unterwegs nach Belieben anhalten kann.

Mit dem Flugzeug

Es gibt **keine Direktflüge aus Europa,** man erreicht Penang nur mit Zwischenstopps. So fliegen etwa Thai, Lufthansa, Austrian und Swiss über **Bangkok** und SilkAir, Lufthansa, Swiss und Singapore Airlines über **Singapur.** Die **Airlines der Golfstaaten** (z.B. Emirates, Etihad und Qatar Airways) fliegen ebenfalls nach Penang, meist aber mit **zwei Zwischenstopps,** einem im Nahen Osten und einem weiteren in Asien, häufig in der Hauptstadt **Kuala Lumpur (KL).**

Die **Preise** für den Hin- und Rückflug liegen je nach Saison zwischen 800 und 1200€; bei zwei Zwischenstopps sind die Tickets auch schon ab 600€ buchbar.

Bei längeren Aufenthalten in Südostasien bieten sich die asiatischen **Billigfluglinien,** z.B. Air Asia oder Fire-Fly, für eine Weiterreise nach Penang an. Air Asia fliegt beispielsweise ab KL, Singapur, Langkawi oder Jakarta.

Vorseite: Trishaws (s. S. 131) sind ideal für Touren in George Town

Reisende landen am **internationalen Flughafen von Penang (PEN).** Der Flughafen befindet sich im Südosten der Insel, etwa 18km südlich von George Town bzw. etwa 30km südlich von Batu Ferringhi 32. Wer in einem der großen Hotels wohnt, kann nach **Vorabbuchung** einen **Shuttle-Service zum Hotel** nutzen, ansonsten ist man auf Taxis oder Busse angewiesen.

Taxis fahren nach einem **Couponsystem,** d.h. man kauft zunächst am **Schalter** in der Ankunftshalle des Flughafens ein Ticket und begibt sich dann zum Taxistand, wo man ein Fahrzeug zugewiesen bekommt. Beim Kauf gibt man den Zielort an, wonach sich der genaue Preis errechnet (ca. RM50).

Die **Busse Nr.401** (auch als Expressbus 401E) und **102** verkehren zwischen 5.30 und 23 Uhr etwa alle 30Minuten und fahren bis zum Komtar Tower 25 in George Town. Die Kosten liegen bei RM3, die Fahrtdauer bei etwa einer Stunde. So kommt man auch gut zurück zum Flughafen.

Es besteht zudem die Option, direkt am Flughafen einen **Mietwagen** bei einer der großen internationalen Agenturen anzumieten.

› **Penang International Airport** [D/E8–9]: www.penangairport.com

Mit der Bahn

Aus Malaysia und Singapur

Aus **Kuala Lumpur** bzw. **Singapur** (dann via KL) verkehren Züge nach Penang. Man kommt am **Bahnhof Butterworth** auf dem **Festland** an und gelangt dann mit der **Fähre,** dem **Bus** (U301, U303, U401) oder dem **Taxi** nach George Town. In Kuala Lumpur starten die Züge an der Station KLSentral, dem Hauptbahn-

hof der Stadt. Hier fährt der **Ekspres Rakyat** derzeit gegen 16 Uhr ab und erreicht Penang gegen 22.20 Uhr. Die Fahrt kostet RM 67 (Kinder RM 38) in der ersten Klasse oder RM 34 (Kinder RM 21) in der zweiten Klasse.

Alternativ kann man den **Nachtzug Senandung Langkawi** nutzen, der KL um 20 Uhr verlässt und gegen 5.25 Uhr in Butterworth ankommt. Es gibt **Schlafkojen** für RM 80 (oberes Bett) bzw. RM 89 (unteres Bett), Kinder zahlen RM 51 (oben) bzw. RM 60 (unten). Wer ohne Bett auskommt, zahlt RM 34 (Kinder RM 21) in der ersten Klasse bzw. RM 19 (Kinder RM 12) in der zweiten Klasse.

Seit Mitte 2015 existiert zudem eine Verbindung mit dem **Schnellzug Electric Trains Services (ETS)**, der KL um 9 Uhr verlässt und Butterworth gegen 13.23 Uhr erreicht. Tickets für diesen Zug kosten RM 59 (Kinder RM 34).

Vom **Bahnhof Butterworth** aus erreicht man die **Fähre** nach Penang **zu Fuß** (Hinweg RM 1,20, Rückweg ist gratis). Vom Fähranleger (Ferry Terminal) am **Pengkalan Weld** in der Nähe der Clan Jetties 21 kann man dann Busse oder Taxis nehmen oder zu Fuß zu seiner Unterkunft gehen.

In der Gegenrichtung gibt es ebenfalls **ETS-Züge** um 7 und um 17.58 Uhr nach KL.

Aus Thailand

Es besteht eine Zugverbindung **über Bangkok und Hadyai** nach Penang (über Butterworth). Von Hadyai fährt der **ETS-Zug Nr. 35** gegen 7 Uhr (Zeitzone Thailand, liegt eine Stunde vor Malaysia) ab und erreicht Butterworth gegen 13 Uhr (Zeitzone Malaysia). Tickets kosten 338 Baht (ca. 8,40 €).

Zug Nr. 36 nach Hadyai verlässt Butterworth gegen 14 Uhr; die Tickets kosten RM 11 bis in die Grenzstadt Padang Besar und dann 228 Baht bis Hadyai.

Zwei Brücken verbinden Penang mit dem Festland, hier ist eine der beiden zu sehen

Mit dem Bus

Fernbusse verkehren **mehrmals täglich** zwischen Penang und u.a. KL, Singapur, Ipoh, Johor Bahru, Kuala Perlis (Insel Langkawi), Malakka und Padang Besar (Grenze zu Thailand). Man kann zwischen einfachen, eher langsamen **Standardbussen** mit vielen Zwischenstopps (Fahrzeit: ca. 6 Stunden) und **Expressbussen** (Fahrzeit: ca. 4½ Std.) wählen. Für die **Strecke KL – Penang** beginnen die Preise bei etwa RM 35 (ca. 7,50 €).

Die Fernbusse fahren entweder bis zur **Busstation in Butterworth,** von wo aus man wiederum mit dem Stadtbus oder Taxi nach George Town gelangt, oder sie kommen im **Sungai Nibong Express Bus Terminal auf Penang** an. Diese Option ist allerdings **nicht empfehlenswert,** da die Station weit außerhalb liegt und deshalb lange und teure Weiterfahrten notwendig sind.

Unterwegs mit dem Langstreckentaxi

Mit dem Taxi

Die relative Nähe zu KL ermöglicht auch eine Anreise mit dem Taxi. Im Gegensatz zu Europa, wo Taxifahrten in der Regel sehr ins Geld gehen, sind in Malaysia selbst lange Strecken vergleichsweise günstig.

In **KL** findet man **Langstreckentaxis** an der **Busstation Pudu Sentral** (früher Puduraya) im Zentrum der Stadt nahe Chinatown. Obwohl die Preise mehr oder weniger festgelegt sind, lohnt es sich zu verhandeln. Denn: Je besser das Verhandlungsgeschick, desto günstiger der Preis. Es empfiehlt sich, das Taxi einige Tage vor der Abfahrt zu buchen, dabei den Preis zu verhandeln und Abfahrtsort und -zeit festzulegen. Taxis können ihre Fahrgäste auch an der Unterkunft abholen. Am besten tauscht man die Telefonnummern aus. Bis nach George Town sollte man eine Fahrtzeit von **ca. 4,5 Stunden** rechnen. Für ein Taxi, in dem bis zu vier Personen Platz finden, zahlt man derzeit etwa RM 550 (ca. 118 €).

067pn-ho

Ausrüstung und Kleidung

Bei einem reinen Badeurlaub sind neben normaler Urlaubsbekleidung – inklusive vollständiger und nicht zu knapper **Badekleidung** – vor allem **bequeme Schuhe** sinnvoll, um längere Stadtwanderungen gut meistern zu können. Sandalen sind luftig, mit Flip-Flops kann man zur Not auch duschen.

Schnell trocknende, bequeme lange Hosen, knielange Kleider und Röcke sowie lockere Hemden und Shirts sind bei den **tropischen Temperaturen** gute Reisebegleiter – dies gilt vor allem für Besuche in Moscheen und Tempeln (s. Verhaltenstipps S. 129). Kurze Hosen trägt man besser nur an Stränden.

Da Penang in den Tropen liegt, kann man Regenschauer nie ausschließen; einen **Regenschirm oder Regenponcho** sollte man daher stets zur Hand haben.

An kühleren Abenden und in den meisten Shoppingmalls empfehlen sich wegen der **rigoros kalten Klimaanlagen** ein dünner Pullover oder eine leichte Jacke und feste Socken. Beim abendlichen Ausgehen in Klubs sollte man auf das Schuhwerk achten: Sportschuhe sind Tabu!

Bei **Touren im Regenwald** sind **feste Schuhe mit griffigem Profil** empfehlenswert, da der Waldboden oft feucht und glitschig ist; Trekkingsandalen tun aber auch gute Dienste. Wasserflaschen, Proviant und viele andere Kleinigkeiten lassen sich perfekt in einem kleinen Rucksack unterbringen. Bei **Bootstouren** schützen **wasserfeste Beutel** empfindliche Geräte oder Papiere; zur Not tut es auch eine große Plastiktüte.

Autofahren

Verkehrssituation und Verkehrsregeln

Grundsätzlich eignet sich Malaysia vorzüglich für individuelle Touren mit dem Mietwagen. So kann man flexibel seine Ziele auswählen und ist nicht auf die Routen und Zeiten des öffentlichen Verkehrs angewiesen. Dies gilt auch für Penang.

Die **Verkehrszeichen und -regeln** (s. Kasten auf S. 113) sind den bekannten europäischen Regeln ähnlich, sodass dies keiner größeren Eingewöhnung bedarf. Anders verhält es sich mit dem **Linksverkehr**, einem Überbleibsel der britischen Kolonialzeit. So muss man sich als Mitteleuropäer erst daran gewöhnen, etwa als Fahrer nicht links, also auf der Beifahrerseite, einzusteigen und rechts, anstatt links, zu überholen. Vorsicht ist besonders bei der Einfahrt in einen **Kreisverkehr** geboten. Fahrzeuge, die sich bereits darin befinden (also von rechts kommen!), haben stets Vorfahrt.

Die Polizei kontrolliert neben **Geschwindigkeitsverstößen** (meist mit Laserpistole) vor allem die **Anschnallpflicht** und kassiert bei Verstößen empfindliche Bußgelder von RM 200 und mehr. Abends und nachts kommt es immer wieder zu Alkohol- und Drogenkontrollen. Sollte man in eine Kontrolle geraten, ist Freundlichkeit geboten; man sollte alle geforderten Papiere vorzeigen. Die **Promillegrenze** liegt bei 0,8.

Innerhalb von Ortschaften beträgt die **Höchstgeschwindigkeit** meist 50 km/h, außerorts 90 km/h und auf den Highways 110 km/h. Außerhalb von Ortschaften wird die zulässige Höchstgeschwindigkeit auf Schildern

068pn-ho

angezeigt und mit Radar überwacht. In entlegeneren Gebieten kreuzen mitunter größere Tiere die unbeleuchteten Straßen.

Problematisch ist häufig die **Fahrweise der anderen Verkehrsteilnehmer**, die das Tempolimit selbst bei Starkregen überschreiten, Spuren nach Gutdünken wechseln, unvermittelt Gas geben, plötzlich abbremsen oder sehr dicht auffahren und sich, kurz gesagt, so verhalten, wie man es in Europa nicht gewohnt ist. Man sollte sich darauf einstellen, dass entgegenkommende, überholende Fahrzeuge den Überholvorgang nicht abbrechen, sondern vielmehr davon ausgehen, dass der andere ausweicht. Vor allem Expressbusse und Lkws fahren häufig rücksichtslos. Viele **Motorradfahrer** schalten abends ihr Licht nicht ein und fahren mitunter auf der falschen Straßenseite, dann aber meist auf dem Randstreifen.

Auf **liegen gebliebene Autos** weisen keine Warndreiecke hin, stattdessen signalisiert ein **abgerissener Ast** ein Hindernis. Folgt man einem Fahrzeug, das plötzlich ohne Grund rechts blinkt, so bedeutet dies: **Achtung, nicht überholen!** Blinkt es stattdessen links, kann man mit Vorsicht überholen. Fährt ein Wagen mit **aufgeblendetem Licht**, so will der Fahrer signalisieren, dass er „rücksichtslos" fährt. Dies ist zwar nicht nett, besser fügt man sich aber trotzdem. Insgesamt sollte man stets achtsam und defensiv fahren.

Kraftstoff ist vergleichsweise günstig: Ein Liter Benzin *(petrol/gasoline)* kostet derzeit etwa RM 1,85 (unter 50 Ct.), Diesel *(diesel)* ca. RM 2/l. **Tankstellen** sind häufig im 24-Stunden-Betrieb geöffnet, trotzdem sollte vor Nachtfahrten getankt werden.

Die Verkehrsdichte in George Town ist noch überschaubar

Mietwagen

Die Insel eignet sich hervorragend für Selbstfahrer, wenn man nicht zu ängstlich ist. Viele **Mietwagenagenturen** besitzen hier Niederlassungen, sodass man gute Fahrzeuge zu moderaten Preisen bekommt. In der Regel sind die Fahrzeuge der **internationalen Ketten** wie Avis (www.avis.com), Europcar (www.europcar.com.my) oder Thrifty (www.thrifty.com) gut gewartet und gepflegt und somit zuverlässig. Aufgrund eines weitreichenden Filialnetzes eignen sie sich auch gut für Einwegmieten (von Stadt zu Stadt, z. B. wenn man von Kuala Lumpur nach Penang fahren möchte) – und bei technischen Problemen findet man schnell einen Ansprechpartner.

Am besten bucht man bereits **von daheim aus.** Sollte eine gebuchte Fahrzeugkategorie vor Ort nicht vorrätig sein, gibt es in der Regel ein kostenfreies Upgrade. Entscheidet man sich spontan, kann man auch **lokale Anbieter** nutzen, die allerdings selten ein Partnernetz besitzen, sodass Einwegmieten entweder unmöglich oder extrem teuer sind. Für das Anmieten benötigt man einen **internationalen Führerschein.**

Kleinstwagen kosten ab etwa 35 €/Tag, für längere Strecken empfiehlt sich ein Mittelklassefahrzeug, das mit rund 52 €/Tag zu Buche schlägt.

EXTRAINFO

Wichtige Verkehrschilder

Nur wenige Schilder entsprechen nicht der internationalen Norm. So weisen z. B. ein Wasserbüffel oder ein Elefant auf **Wildwechsel** hin. Ein gelber Rhombus mit neun roten Leuchtzeichen bedeutet **„Achtung“;** eine Schlangenlinie mit darüber abgebildetem Totenschädel steht für **„gefährliche Kurve“.** Die folgende Auflistung hilft beim Verständnis der **wichtigsten malaiischen Schilder:**

Awas	Achtung
Berhenti	Stopp
Beri Laluan	Vorfahrt beachten
Hati Hati	Vorsicht
Ikut Kiri	Links halten
Jalan Mati	Sackgasse
Jalan Sehala	Einbahnstraße
Kawasan Kemalangan	Unfallgefahr
Kurangkan Laju	Geschwindigkeit vermindern
Pusat Bandar	Stadtzentrum
Utara	Norden
Timor	Osten
Selatan	Süden
Barat	Westen

Barrierefreies Reisen

Penang ist, wie ganz Malaysia, für Menschen mit Behinderungen ein eher **problematisches Reiseziel: Bürgersteige** sind oft sehr schmal und in schlechtem Zustand, Fahrbahnen sind nur im Laufschritt zu überqueren und es fehlen weitgehend behindertengerechte Einrichtungen wie z. B. **barrierefreie Toiletten.** Ampeln geben zwar manchmal **akustische Signale,** oft ist es jedoch in der Umgebung so laut, dass man das Geräusch schwerlich hört oder kaum orten kann, welche Kreuzung nun gefahrlos zu überqueren ist.

Am ehesten findet man in den großen **internationalen Hotels** und den neuesten **Einkaufszentren** barrierefreie Einrichtungen.

Diplomatische Vertretungen

Auf Penang

- **Deutsches Honorarkonsulat Penang** <107> Hans Brenner, CEO BMC Sdn. Bhd., Suite 9.07, 9th Floor, MWE Plaza, 8 Lebuh Farquhar, George Town, Tel. 04 2632566
- **Österreichisches Honorarkonsulat Penang** <108> 19 Halaman Bukit Gambir 2, Gelugor, Tel. 04 6568525, E-Mail: austrianconsulatpg@gmail.com
- Die **Schweiz** verfügt über keine diplomatische Vertretung auf Penang, hier ist die Botschaft in KL bzw. das Konsularzentrum in Bangkok (s. unten) zuständig.

In Kuala Lumpur

- **Deutsche Botschaft,** 26th Floor, Menara Tan & Tan, 207 Jl. Tun Razak, KL, Tel. 03 21709666 (in dringenden Notfällen: 012 326970), www.kuala-lumpur.diplo.de, geöffnet: Mo–Fr 9–12, Do auch 13–15 Uhr
- **Österreichische Botschaft,** Wisma Goldhill, Suite 10.1-2, Level 10, 67 Jl. Raja Chulan, KL, Tel. 03 20578969, www.bmeia.gv.at/botschaft/kuala-lumpur, geöffnet: Mo–Fr 9–12 Uhr
- **Schweizer Botschaft,** 16 Persiaran Madge, KL, Tel. 03 21480622, www.eda.admin.ch/kualalumpur, Tel. 03 2148-0622/-0751. Hier werden derzeit keine konsularischen Anfragen bearbeitet. In solchen Fällen ist das Konsularzentrum in Bangkok (Thailand) zuständig: Regional Consular Center, c/o Embassy of Switzerland, 35 North Wireless Road, Bangkok, Thailand, Tel. +66 26746900. Alternativ ist eine 24-Stunden-Hotline (Helpline EDA) unter Tel. +41 800247365 erreichbar.

Ein- und Ausreisebestimmungen

Die Einreise nach Malaysia ist für EU-Bürger und Schweizer Staatsbürger relativ unkompliziert, da sie **kein Visum** benötigen. Man erhält bei der Einreise automatisch eine **Aufenthaltsgenehmigung für drei Monate (90 Tage)** ohne Arbeitserlaubnis. Dazu muss ein noch mindestens sechs Monate über das Einreisedatum gültiger Reisepass vorliegen. Eine Verlängerung ist später um einen Monat möglich. Bei der Einreise werden die Fingerabdrücke und ein Foto des Reisenden gespeichert.

Zoll

Reisende dürfen **Gegenstände des persönlichen Bedarfs** zollfrei einführen; 200 Zigaretten oder 50 Zigarren oder 225 g Tabak, 1 l alkoholische Getränke sowie Kosmetika zum Eigenbedarf gehören dazu. Theore-

EXTRAINFO

Drogenbesitz

Grundsätzlich ist **jeglicher Besitz von Drogen verboten.** Sollten die Beamten Drogen finden, drohen dem Beschuldigten mehrjährige Haftstrafen. Unterstellt man sogar **Drogenhandel** – und dies geschieht bereits bei relativ kleinen Mengen – lautet das Urteil: **Todesstrafe!**

Einige in Europa **verschreibungspflichtige Medikamente,** z. B. gegen Depressionen oder ADHS, können unter die Drogenbestimmungen fallen – man sollte sich daher in jedem Fall im Vorfeld darüber erkundigen. Ist man auf solche Medikamente angewiesen, sollte man eine **ärztliche Verordnung in englischer Sprache** mitführen.

tisch kann eine Kaution für Kameras oder Laptops verlangt werden, dies ist aber nicht gängige Praxis. Verboten ist die Einfuhr von Pornografie, Stichwaffen, Schusswaffen und Drogen. Vorsicht ist bei **verschreibungspflichtigen Medikamenten** geboten (s. Kasten „Drogenbesitz“ S. 114). Grundsätzlich können Zollbeamte bei der Einreise Kameras und Speicherkarten z. B. auf **pornografisches Material** prüfen. Praktisch kommt dies fast nie vor; sollte doch etwas gefunden werden, gibt es großen Ärger! In Malaysia dürfen **Devisen** in jeder Menge ein- und ausgeführt werden, allerdings gilt eine Deklarationspflicht für Mengen über 10.000 US$.

› **nähere und aktuelle Infos:** www.zoll.de, www.auswaertiges-amt.de

Elektrizität

Die **Spannung** beträgt 220 V/50 Hz. Man benötigt **Adapter**, da die Steckdosen mit einem dritten Erdungspol ausgerüstet sind. Diese Adapter kann man in guten Hotels ausleihen, besser ist es aber, immer einen eigenen Universaladapter mitzuführen.

Film und Foto

Grundsätzlich kann man überall filmen und fotografieren, es sei denn es ist deutlich erkennbar verboten. Dies gilt z. B. am **Flughafen**, in **Regierungsgebäuden** sowie vor **militärischen Einrichtungen**. Fotografiert man Menschen, sollte man die Regeln der Höflichkeit beachten und sie um Erlaubnis fragen *(„Boleh?“)*. Dies gilt ganz besonders an und in religiösen Stätten (s. auch Verhaltenstipps auf S. 129).

Geldfragen

Währung und Zahlungsmittel

Die Währung Malaysias ist der **Ringgit (RM, MYR)**, der in **100 Sen** unterteilt ist. Die Banknoten gibt es in Stückelungen zu RM 1, RM 5, RM 10, RM 20 und RM 100, Münzen zu 5, 10, 20 und 50 Sen.

In George Town, in Batu Ferringhi 32 und am Flughafen gibt es **lizensierte Geldwechsler** (sie werben mit *licensed money changer),* die problemlos Geld und Reiseschecks wechseln. In **Banken** ist dies ebenso möglich, allerdings werden dort manchmal höhere Gebühren erhoben. Zudem muss man hier häufiger warten.

Die international bekannten **Kreditkarten** (Mastercard, Visa etc.) werden in größeren Hotels, gehobenen Restaurants und etablierten Geschäften als Zahlungsmittel akzeptiert. Je weiter man sich jedoch von den touristischen Hauptorten entfernt, desto schwieriger kann die Zahlung mit Kreditkarten werden. Deshalb empfiehlt es sich, bei Tagestouren ruhig etwas mehr **Bargeld** mitzunehmen.

Zumindest in den größeren Orten kann man sein Geld am **Geldautomaten (ATM)** mit der **Maestro-/EC-Karte** abheben. Dabei entstehen, je nach heimischem Kreditinstitut, verschie-

Wechselkurs

1 RM	0,22 €/0,24 SFr
1 €	4,47 RM
1 SFr	4,13 RM

(Stand: Sommer 2016)
Aktuelle Kursangaben finden sich z. B. bei www.oanda.com.

den hohe Gebühren, die man am besten vor der Abreise erfragt. Will man die Gebühren klein halten, empfiehlt es sich, seltener, dafür aber größere Summen abzuheben.

Debit-Karten (EC-Karten)

Viele Banken sperren die Debit-(EC-) Karten aus Sicherheitsgründen für den **Einsatz im außereuropäischen Ausland** oder beschränken den Verfügungsrahmen. Außerdem statten einige deutsche Banken ihre Geldkarten mit der Bezahlfunktion **V PAY** aus, bei der nicht der kopierbare Magnetstreifen, sondern der Chip ausgelesen wird. Das hat zur Folge, dass an Bankautomaten in Malaysia mit solchen Karten kein Geld gezogen werden kann, da die Automaten die Chips nicht lesen können.

Wer im Ausland mit seiner Debit-(EC-)Karte bezahlen oder Bargeld abheben möchte, sollte sich im Vorfeld bei seiner Bank erkundigen und die Karte ggf. für das Reiseland freischalten lassen.

069pn-ho

Umrechnungskurs am Geldautomaten

Beim Abheben von Bargeld in Landeswährung wird manchmal angeboten, dass die Abrechnung mit dem eigenen Konto in Euro erfolgen kann. Das Verfahren ist als **Dynamic Currency Conversion** (**DCC**) bekannt. Wählt man diese Option, die ja sicherer erscheint, wird aber ein ungünstiger Wechselkurs zugrunde gelegt, der erhebliche Kosten verursachen kann. Deshalb sollte man Abhebungen immer in der Landeswährung vom eigenen Konto abbuchen lassen. Dann legt die eigene Bank den offiziellen Devisenkurs zugrunde.

Preise und Kosten

Im **Vergleich zu anderen Ländern Südostasiens** ist Malaysia ein eher teures Reiseland. **Verglichen mit Europa** ist allerdings so gut wie alles preiswerter, vieles sogar deutlich. Sogar wer im **Luxushotel** wohnt, zahlt in der Regel viel weniger als in vergleichbaren Häusern in Europa; teuer sind hier lediglich die hoteleigenen Restaurants. Geht man in **regionalen Lokalen** essen, speist man ausgesprochen günstig; nur in internationalen Häusern mit westlicher Küche entsprechen die Preise denen daheim. Die **Eintrittspreise** für Museen und Sehenswürdigkeiten sind günstig und **Einkäufe** lohnen sich selbst bei Markenprodukten. Preiswert sind auch alle **Transportmittel.** Nur Bier, Wein und andere **alkoholische Getränke** sind teurer als in Europa, denn sie müssen erst importiert werden. Richtig teuer sind hochprozentige Spirituosen – vor allem weil Malaysia ein muslimisches Land ist und der Markt hierfür nicht sehr groß ist.

Penang preiswert

- *Wer sich an das* ***lokale Essen*** *hält, belastet seine Geldbörse am wenigsten: In* ***einfachen, kleinen Lokalen*** *oder bei den* ***Hawker Stalls am Straßenrand*** *(s. unsere Empfehlungen auf S. 51) kann man sich für nur wenige Ringgit richtig satt essen. Und das bedeutet weder Abstriche bei der Hygiene noch bei der Menge oder dem Geschmack.*
- *Sparen kann man zudem, wenn man den* ***öffentlichen Busverkehr*** *nutzt. Es bestehen gute Verbindungen in alle Teile der Insel. Wer in George Town unterwegs ist, kann mit den* ***CAT-Bussen*** *(s. S. 130) sogar* ***gratis*** *fahren. So erreicht man bequem alle Sehenswürdigkeiten des UNESCO-Weltkulturerbes innerhalb der Altstadt. Die PTL-Linie (Pulau Tikus Loop) führt sogar bis ins Viertel* ***Pulau Tikus,*** *sodass man gratis zu den Shoppingmalls Gurney Plaza und Gurney Paragon (beide s. S. 52) gelangt.*
- *Obwohl ohnehin bereits viele* ***Sehenswürdigkeiten*** *wie z. B. die Tempelanlagen* ***kostenfrei*** *zu besichtigen sind, kann man auch hier noch sparen: An jedem* ***letzten Wochenende im Monat*** *(von Freitag bis Sonntag) werden vielerorts* ***Gratis-Touren*** *(s. S. 127) angeboten.*

[<] Wer Bargeld tauschen möchte, der findet überall lizensierte Geldwechsler mit tagesaktuellen Kursen

Gesundheitsvorsorge

Eine **gut bestückte Reiseapotheke** ist essentiell, wobei regelmäßig benötigte Medikamente unbedingt in ausreichender Menge mitgeführt werden sollten. Handelt es sich um **verschreibungspflichtige Präparate** (z.B. Schlaf- oder starke Schmerzmittel), ist es ratsam, vor der Einreise zu klären, ob eventuell eine ärztliche Verordnung notwendig ist, denn es gibt **Medikamente**, die in Malaysia unter die **Drogenbestimmungen** fallen (s.S. 114). In jedem Fall gehören Mittel gegen Durchfall, Erbrechen, Kopfschmerzen, Fieber und allergische Reaktionen ins Gepäck. Hilfreich sind zudem Desinfektionsmittel, Pflaster, Nasenspray und Hustenmittel. Allerdings kann man viele Medikamente in den **Apotheken vor Ort** (s.S. 121) recht preiswert kaufen.

Natürlich sollte auch ein **ausreichender Impfschutz** vorhanden sein, der mindestens Tetanus, Diphterie, Polio und Hepatitis A umfassen muss. Ob man sich gegen Hepatitis B, Cholera, Typhus oder Japanische Encephalitis impfen lässt, sollte man mit seinem Arzt oder besser einem Tropenmediziner besprechen.

Bei der Einreise nach Malaysia aus Europa gibt es keinerlei Impfvorschriften, es sei denn, man war innerhalb der letzten sechs Tage vor der Ankunft in **Afrika oder Südamerika**. In diesem Fall muss der **Nachweis einer Gelbfieberimpfung** erbracht werden. Seit 2015 gibt es zudem Sonderbestimmungen zu vorangegangenen Reisen im Nahen Osten (also z.B. auf die Arabische Halbinsel), da hier die über Kamele übertragbare Erkrankung **MERS-CoV** (Middle East Respiratory Syndrome Coronavirus) vorkommt. Bei der Ankunft von Flugzeugen aus dieser Region werden alle Reisenden bezüglich ihrer Körpertemperatur gescannt und gegebenenfalls medizinisch untersucht; dies gilt auch für Umsteigeverbindungen.

Viele tropische Krankheiten konnten in den letzten Jahren erfolgreich bekämpft werden. **Malaria** ist zunehmend seltener, gleiches gilt für **Denguefieber.** Beide Krankheiten werden von Stechmücken übertragen. Das deutsche Tropeninstitut schätzt die Malariagefahr in ganz West-Malaysia als gering ein; es ist nur in abgelegenen Gebieten erhöht. Penang gilt schon lange als malariafrei. Ein **wirksamer Mückenschutz** hilft dennoch bei der Vorbeugung. Ausreichender **Sonnenschutz** ist auch bei bewölktem Himmel notwendig.

Eine weitere, ernst zu nehmende Gefahr geht von allen Säugern (z. B. Hunden, Katzen, Fledermäusen und Affen) aus, denn sie können **Tollwut** übertragen. Hier gilt es, Abstand zu wahren und die Tiere möglichst nicht anzufassen.

Hygiene

Während Hygiene in den internationalen Hotels großgeschrieben wird, ist sie andernorts ein Problem. Grundsätzlich gilt: Je einfacher das Quartier, das Restaurant, der Laden, die Mall, desto simpler und meist auch unhygienischer sind die **sanitären Anlagen** (s. „Das malaysische Hockklo“ auf S. 119). Manchmal spielt die Wasserspülung nicht mit, mitunter gibt es nur eine Schöpfkelle zum Spülen. Oft findet man kein Handwaschbecken. Und an so manchem Handtuch haben sich scheinbar schon Generationen von Menschen die Hände getrocknet.

Ein guter Rat ist es deshalb, stets eine **Packung Papiertaschentücher** dabei zu haben, denn man kann sie zum Abtrocknen und als Toilettenpapier nutzen. Auch **Feuchttücher** sind empfehlenswert. Bei schmutzigen, nassen Fußböden helfen feste und nicht zu gute Schuhe. In einfachen Unterkünften nut-

050pn-ho

zen empfindliche Menschen gerne **Flip-Flops zum Duschen**, vor allem in Gemeinschaftsduschen.

Leitungswasser kann auf Penang im Prinzip getrunken werden; wer sichergehen möchte, nutzt jedoch das überall in Plastikflaschen erhältliche Mineralwasser bzw. das abgekochte Wasser, das man Gästen in einfachen Unterkünften zur Verfügung stellt. Wer sich vor Leitungswasser scheut, sollte auch auf **Eiswürfel im Getränk** verzichten. **Obst** sollte man nie ungewaschen essen.

EXTRAINFO

Das malaysische Hockklo

Westliche Toiletten findet man nicht überall in Malaysia. In großen Hotels und Einkaufszentren gibt es sie zwar, deutlich weiter verbreitet sind aber die sogenannten **Hockklos:** Zwei geriffelte, rutschfeste Keramiktritte sind rechts und links eines Loches im Boden angeordnet, über das sich der Benutzer hockt. Dies ist zwar gewöhnungsbedürftig, dafür aber auch hygienischer als andere Toiletten, da jeglicher Kontakt mit Brille oder Schüssel vermieden wird. Häufig steht **kein Toilettenpapier** zur Verfügung und wenn, dann ist es derart dünn, dass man fast ganz darauf verzichten könnte. Statt Papier verwendet man die **linke Hand zur Reinigung** (die gilt im Islam und auch im Hinduismus als unrein!) und säubert sie anschließend mit Wasser. Hierzu ist häufig ein Wasserkran, oft mit kurzem Schlauch, manchmal sogar mit kleinem Brausekopf angebracht. Der fehlt auch nur selten in westlichen Toiletten. Gespült wird manchmal auch mit einer **Schöpfkelle** – dann steht ein **Eimer Wasser** neben der Toilette.

◁ *Fleisch und Geflügel sollten vor dem Verzehr gut durchgegart werden*

Informationsquellen

Infostellen zu Hause

- **Malaysia Tourism Promotion Board,** Weißfrauenstr. 12–16, 60311 Frankfurt, www.tourismmalaysia.de, Tel. 069 460923420. Das Büro ist für Deutschland, Österreich und die Schweiz zuständig.

Infostellen auf der Insel

- **Penang Global Tourism** <109> Lot 8 B, 1. Stock, The Whiteaways Arcade, Lebuh Pantai, George Town, Tel. +60 (0)4 2644356, www.mypenang.gov.my (unter „Contact Us"), geöffnet: Mo–Fr 8.30–17.30 Uhr
- **Tourist Information Counter** <110> im Penang International Airport, Arrival Hall, Main Terminal Building, Lapangan Terbang Antarabangsa Penang, Bayan Lepas, geöffnet: tgl. 9–17 Uhr

Penang im Internet

- **www.tourismpenang.net.my:** Internetpräsenz des Tourismusministeriums mit Sehenswürdigkeiten, Gastronomietipps und Unterkünften
- **www.penang.ws:** informative Website mit Berichten sowie Vorschlägen für Sightseeing, Essen und Ausgehen
- **www.visitpenang.gov.my:** weitere Internetseite des Tourismusministeriums mit vielen interessanten Details zur Insel, etwa einem Foodguide, Videos und Veranstaltungstipps
- **www.penang-traveltips.com:** private Seite von Timothy Tye, der hier kenntnisreich über „seine" Insel berichtet
- **www.pulaupinang.com:** Plattform mit zahlreichen Informationen zu allen Aspekten der Insel vom UNESCO-Welterbe bis zu verschiedenen Karten zum Herunterladen

Unsere Literaturtipps

- *Bowden, David:* ***Enchanting Penang,*** *John Beaufoy Publishing 2014. Schöner Bildband, der in spannenden Texten viel Wissenswertes über die Insel vermittelt.*
- *Saubin, Béatrice:* ***Dieser Hunger nach Leben,*** *Lübbe 1994. 1982 wird die junge Frau wegen Drogenhandels auf Penang unschuldig zum Tode verurteilt. Es folgt eine Odyssee durch die Instanzen, aber immerhin mit Happy End, denn nach zehn Jahren kommt Saubin endlich frei. Ein bewegender Lebensbericht zu einem nach wie vor aktuellen Thema.*
- *See, Bernard et al.:* ***Famous Street Food of Penang,*** *Star Publications 2006. Das Buch, eine Mischung aus kulinarischem Reiseführer und Kochbuch, ist derzeit leider nur auf der Insel zu bekommen. Hier erfährt man, welche Spezialitäten die Hawker an welcher Straße anbieten und wie man sie selber zubereitet.*
- *Sharp, Ilsa:* ***The E & O Hotel. Pearl of Penang,*** *Marshall Cavendish 2008. Das großformatige Buch über eines der bedeutendsten Hotels Südostasiens* 9 *entführt in die Vergangenheit des Hauses und seine Rolle im Wandel der Geschichte.*

Publikationen und Medien

Weit verbreitet sind die englischsprachigen malaysischen Tageszeitungen **New Straits Times** (www.nst.com.my) und **The Star** (www.thestar.com.my) sowie die in kleinerer Auflage erscheinende **The Sun** (www.thesundaily.my). Die auf Malaiisch, Mandarin und Tamil erscheinenden Tageszeitungen sind für Touristen weniger hilfreich. Die meisten Printmedien gehören regierungsnahen Unternehmen.

Besonders interessant für Besucher Penangs sind die monatlich erscheinenden Hefte des Magazins **Time Out Penang** (www.timeout.com/penang), die über Sehenswürdigkeiten und Events in der Stadt informieren sowie Tipps zu Restaurants, Nachtleben und Shopping liefern. Das Magazin **Penang Monthly** (www.penangmonthly.com), herausgegeben vom Penang Institute, informiert über Veranstaltungen, Bewohner und Neuigkeiten von der Insel.

In den meisten Hotels erhält man die offiziellen **Informationsbroschüren und Stadtpläne** von Penang Global Tourism (s. S. 119).

Smartphone-Apps

- **Grab (MyTeksi):** Mit dieser Anwendung lassen sich Taxis schnell, zuverlässig und darüber hinaus zu festgelegten Konditionen bestellen (kostenlos für Android, Blackberry und iOS).
- **Penang Offline Mural Map:** Offline-Map, Fotos und Hintergrundinfos zu den Street-Art-Kunstwerken von Ernest Zacharevic, s. S. 29 (kostenlos für iOS, für Android gibt es eine vergleichbare App namens Penang Street Art)
- **Penang Tourist Info:** offizielle App von Penang Global Tourism zu Sehenswürdigkeiten, Veranstaltungen, Restaurants etc. (kostenlos für Android und iOS)

Internet

WLAN-Hotspots (WiFi) gibt es vielerorts in George Town, aber auch in Batu Ferringhi 32; sie sind jedoch nicht immer ohne Zugangscode nutzbar – diesen muss man dann vor Ort erfragen. In nahezu allen **Cafés und Unterkünften** hat man kostenlosen WLAN-Zugang. Unter www.wificafespots.com lassen sich Hotspots vor Ort recherchieren. **Internetcafés** sind weit verbreitet und meistens rund um die Uhr geöffnet.

Maße und Gewichte

In Malaysia gilt seit etlichen Jahrzehnten das **metrische System.** Dennoch gibt man Entfernungen manchmal noch in Meilen *(miles)* an, z. B. auf alten Schildern oder Meilensteinen. In manchen Fällen findet man den Zusatz *batu,* was das malaiische Wort für Meile ist. Es ist auch in vielen Ortsnamen präsent.

Bei den **Konfektionsgrößen** werden in Malaysia zwar auch die international bekannten Größen S, M, L und XL verwendet, allerdings **fallen** diese dort manchmal **kleiner aus,** denn Malaysier sind in der Regel zierlicher. Wer also in Europa L trägt, darf in Malaysia bei der Anprobe ruhig mit XL starten. Das gilt auch für **Schuhe,** die zudem häufig nur in **amerikanischen Größen** (6, 7, 8, ...) angeboten werden.

Medizinische Versorgung

Grundsätzlich ist die medizinische Versorgung in Penang gut bis hervorragend, da sich die Insel unter staatlicher Aufsicht zunehmend als **Standort für Medizintourismus** etabliert.

Neben den **staatlichen Krankenhäusern,** die praktisch gratis behandeln, gibt es viele gute **Privatkliniken.** Ihr Vorteil sind relativ kurze Wartezeiten, der Nachteil sind die Kosten, die man zunächst sofort aus eigener Tasche bezahlen muss. Sie sind zwar im Vergleich zu Europa nicht sehr hoch, werden aber von der Auslandsreisekrankenversicherung nur erstattet, wenn man detaillierte Rechnungen und Behandlungsinformationen vorlegt.

Die **Ärzte** und das Pflegepersonal sprechen grundsätzlich Englisch. In den größeren Krankenhäusern stehen **Fachärzte** verschiedener Fachrichtungen zur Verfügung; viele haben im Ausland studiert. In Krankenhäusern und Kliniken bekommt man die notwendigen Medikamente direkt ausgehändigt.

Benötigt man dringend **Medikamente,** kann aber auf einen Arztbesuch verzichten, erhält man die meisten Mittel **rezeptfrei** in der **Apotheke** *(farmasi).* Apotheken findet man überall im Stadtgebiet, etwa in den meisten Einkaufszentren.

- › **Ferringhi Pharmacy** <111>
  5 Lorong Sungai Emas, Batu Ferringhi, geöffnet: tgl. 9–20 Uhr
- ■ **The Apothecary Pharmacy** <112>
  68 Lebuh Gereja, George Town, geöffnet: Mo–Fr 8.30–18, Sa bis 13 Uhr

Größere Hotels bieten den **Service „doctor on call“**, d. h. der Arzt kommt zur Behandlung ins Hotel. Im Zweifelsfall kann man in seiner Unterkunft nachfragen und sich einen zuverlässigen Arzt in der Nähe empfehlen lassen.

Krankenhäuser und Kliniken

- › **Island Hospital** <113> 308 Jl. Macalister, George Town, Tel. 04 2288222, www.islandhospital.com

› **Penang Adventist Hospital** <114> 465 Jl. Burma, George Town, Tel. 04 2227200, Hotline: 1300 884325, www.pah.com.my

Krankenhäuser mit 24-Stunden-Ambulanz

› **Gleneagles Hospital Penang** <115> 1 Jl. Pangkor, Tel. 04 2229111, Notfälle: 04 2229111108, www.gleneagles-penang.com

› **Loh Guan Lye Specialist Centre** <116> 19 Jl. Logan, George Town, Tel. 04 2288501, Notfälle: 04 2266911, www.lohguanlye.com

071pn-ho

Street-Art ist Kunst zum Anfassen – ein Riesenspaß für Kids (s. S. 29)

Mit Kindern unterwegs

Die Bewohner Malaysias sind **ausgesprochen kinderfreundlich.** Eltern und Kinder werden freundlich angesprochen, man ist an den kleinen Gästen interessiert und bietet jederzeit seine Hilfe an.

Kinderbekleidung ist überall preiswert erhältlich. Jugendliche finden angesagte Marken zu günstigen Preisen. **Spielzeug** kann man ebenfalls überall kaufen; ob es immer „pädagogisch wertvoll" ist, mag dahingestellt sein. Für ältere Kinder gibt es nahezu überall die neuesten elektronischen Spielereien. In den großen Supermärkten kann man alles kaufen, was Babys, Kleinkinder und Kinder benötigen, insbesondere **Windeln und Babynahrung.**

Allein schon die **fremde asiatische Welt** wird die meisten Kinder an Penang faszinieren. Bunte Tempel, glitzernde Shoppingmalls, die mächtigen Wehrmauern von Fort Cornwallis 2, riesige Buddhastatuen und nicht zuletzt der Sandstrand in Batu Ferringhi 32 und das warme Meer, das zum stundenlangen Planschen einlädt, sorgen für viel Kurzweil.

In **George Town** sollte unbedingt ein Spaziergang durch die lebhafte und bunte **Lebuh Chulia** zum Programm gehören, dabei können kleine Gäste gleich einen **frisch zubereiteten „roti"** probieren (und fasziniert bei dessen Zubereitung zuschauen). Auch die abendlichen **Folkloredarbietungen** im **Khoo Kongsi** 19 sind für Kinder aller Altersgruppen ein Erlebnis. Größere Kinder und Jugendliche finden auf dem **Night Market (Pasar Malam)** 33 in Batu Ferringhi alles, was angesagt ist, zu Schnäppchenpreisen (s. Infos zum Zoll S. 97).

In jedem Fall lohnt ein Besuch des **Penang Hill (Bukit Bendera)** 29; mit kleinen Kindern empfiehlt sich die Anfahrt per Standseilbahn, mit den größeren erklimmt man ihn vielleicht sogar zu Fuß (s. Wanderung 3 auf S. 78). Dabei zeigt sich, welch großen Reiz der **Regenwald** mit all seinen Pflanzen und Tieren auf Kinder ausübt. Will man noch intensiver in den Dschungel eintauchen, ist ein Besuch im **Taman Negara Pulau Pinang (Penang National Park)** 41 eine Empfehlung. Alternativ können Kinder die Natur der Insel in den **Penang Botanic Gardens** 28 oder im Schmetterlingspark von **Entopia** 38 kennenlernen. Wer auf der Suche nach dem echten Thrill ist, für den ist ein Besuch des **Snake Temple (Chor Soo Kong Temple)** 50 Pflicht, inklusive Foto mit einer Python oder Lanzenotter! Für Kinder sind ferner der **Kletterpark Escape** 37, der **Toy Museum Heritage Garden** 36 und das **Penang Aquarium** 49 spannend.

Allerdings muss man auf Penang auch ein wenig mehr auf die Kinder achten als daheim: Der **Straßenverkehr** ist, zumindest in George Town, relativ dicht; außerdem fahren die Wagen wegen des Linksverkehrs auf der „falschen" Seite.

Bei all den Attraktionen ist es ratsam, ab und zu für **Ruhepausen** zu sorgen, damit die Kleinen die vielen Eindrücke verarbeiten können. So ist es ideal, wenn man eher ein **Hotel in Strandnähe** (s. Unterkünfte in Batu Ferringhi s. S. 58) oder ein **Hotel mit Pool** (z.B. Muntri Grove in George Town, s. S. 46) bucht, sodass das **Baden** nicht zu kurz kommt.

Notfälle

Notrufnummern

- **Polizei und Notarzt:** Tel. 999 (vom Mobiltelefon 112)
- **Feuerwehr (bomba):** Tel. 994 (vom Mobiltelefon 112)

Polizeidienststellen

- **Balai Polis Batu Ferringhi** <117> Jl. Batu Ferringhi, Tel. 04 8811434
- **Balai Polis Central** <118> Pesara Claimant/Ecke Lebuh Carnavon, George Town, Tel. 04 2645522

Kartensperrung

Bei **Verlust der Debit-(EC-), Kredit- oder SIM-Karte** gibt es für Kartensperrungen eine **deutsche Zentralnummer** (unbedingt vor der Reise klären, ob die eigene Bank diesem Notrufsystem angeschlossen ist). **Aber Achtung:** So sind die Karten zwar für die Bezahlung/Geldabhebung per PIN gesperrt, nicht jedoch für das **Lastschriftverfahren mit Unterschrift.** Man sollte daher den Verlust zusätzlich **bei der Polizei zur Anzeige bringen,** um ggf. auftretende Ansprüche zurückweisen zu können.

In **Österreich** und der **Schweiz** gibt es keine zentrale Sperrnummer, daher sollten sich Besitzer von in diesen Ländern ausgestellten Debit-(EC-) oder Kreditkarten vor der Abreise bei ihrem Kreditinstitut über den zuständigen Sperrnotruf informieren.

Generell sollte man sich die **wichtigsten Daten** wie Kartennummer und Ausstellungsdatum **separat notieren,** falls diese abgefragt werden.

- **Deutscher Sperrnotruf:** Tel. +49 116116 oder Tel. +49 3040504050
- **Weitere Infos:** www.kartensicherheit.de, www.sperr-notruf.de

Öffnungszeiten

Behörden haben in Malaysia in der Regel Mo.–Fr. 8–16.30 Uhr geöffnet, Sa. bis 12.30 Uhr. **Private Unternehmen** sind normalerweise Mo.–Fr. 9–17 Uhr erreichbar, Sa. ebenfalls bis 12.30 oder 13 Uhr. **Geschäfte** sind im Allgemeinen Mo.–Sa. 10–17 Uhr geöffnet, allerdings öffnen einige auch eher, schließen später oder haben außerdem sonntags geöffnet. **Einkaufszentren** schließen meist um 22 Uhr ihre Pforten. **Banken** sind Mo.–Fr. 9.30–15.30 Uhr geöffnet, Sa. bis 11.30 Uhr.

Post

Postsendungen werden von der **Pos Malaysia** (www.pos.com.my) abgewickelt. Briefmarken (malaiisch: *setem,* englisch: *stamps)* erhält man bei Postämtern, in Souvenirshops, Hotels und manchmal auch in Supermärkten an der Kasse.

Das Porto für Postkarten und Aerogramme nach Europa beträgt 50 Sen. Luftpostbriefe kosten ab RM 2. Das Porto für Pakete wird, wie in Europa, nach Größe und Gewicht berechnet. Auf der Website von Pos Malaysia ist ein Portokalkulator abrufbar. Beim **Transportweg** nach Europa sollte man mit drei bis fünf Tagen rechnen.

Der **Komtar Tower** (25) beherbergt das **Komtar Post Office.** Das **Penang General Post Office** befindet sich in der Nähe des Pengkalan Weld.

- › **Komtar Post Office,** im Komtar Tower, EG, B21-01, 1 Arked Tek Soon 1, Tel. 04 2610555, geöffnet: Mo–Fr 8.30–17.30, Sa 8.30–13 Uhr
- ■ **Penang General Post Office** <119> Tingkat Bawah, Bangunan Tuanku Syed Putra, Lebuh Downing, Tel. 04 2619222, geöffnet: Mo–Fr 8.30–17.30, Sa 8.30–13 Uhr

Schwule und Lesben

In Malaysia sieht man des Öfteren Männer mit Männern oder Frauen mit Frauen händchenhaltend flanieren. Wer dies mit gelebter Homosexualität gleichsetzt, irrt jedoch gewaltig. In Malaysia gilt **Homosexualität als Straftat („Sodomie").** Sie kann mit bis zu 20 Jahren, in manchen Fällen sogar mit lebenslänglicher Haft geahndet werden; die malaysischen Gerichte greifen hier rigoros durch.

072pn-ho

Ein typischer Briefkasten: manchmal gibt es separate Schlitze für internationale Postsendungen

Lehrer werden geschult, die sexuelle Orientierung ihrer Schüler zu erkennen. Stellen sie Homosexualität fest oder zumindest die Neigung dazu, sollen entsprechende **Erziehungsmaßnahmen** helfen, den „richtigen Weg“ zu finden. Aus diesen Gründen verhält sich die **LGBT-Szene** weitgehend **zurückhaltend**.

Die schwierige Situation zeigt sich auch bei den **Unterkünften.** Niemand hat Probleme damit, wenn zwei Männer oder zwei Frauen ein gemeinsames Zimmer nehmen, doch offen gezeigte Sexualität zwischen Männern oder Frauen bricht auch in Hotels Tabus. Ob man angezeigt wird, hängt jeweils von der Situation ab.

Auf den **Internetseiten** www.utopia-asia.com und www.travelgayasia.com findet man Tipps zu Bars, Klubs und gayfreundlichen Unterkünften auf Penang.

Sicherheit

Malaysia ist prinzipiell ein **sicheres Reiseland.** Natürlich gibt es Kriminalität, aber Touristen sind davon glücklicherweise meist nicht betroffen. In aller Regel handelt es sich um organisierte Banden, die vor allem im Bereich Drogen und Prostitution tätig sind.

Touristen werden am ehesten **Opfer von Dieben.** Vor allem **Taschendiebe** gibt es auf Penang, ebenso wie in anderen Urlaubsorten auf der Welt. Sie versuchen meist im dichten Gedränge ihr Glück. Also heißt es, Bargeld und Kreditkarten nah am Körper tragen, am besten in den vorderen Hosentaschen. In Umhängetaschen oder Rucksäcken haben Wertgegenstände, Geld und Papiere nichts verloren.

In den letzten Jahren kommt es zunehmend vor, dass Taschen im Vorbeifahren von **Motorradfahrern** entrissen werden. Wer mit der **Trishaw** (s. S. 131) unterwegs ist, ist gut beraten, seine Tasche nicht lose auf der Sitzbank abzulegen.

Eher selten sind **Überfälle,** obwohl man nachts nie allein unterwegs sein sollte, vor allem nicht mit sichtbaren Wertgegenständen. Sollte man Opfer eines Überfalls werden, hilft Mut nicht weiter; stattdessen ist es besser, dem Angreifer schnell alles zu geben, was er begehrt.

Ein Tourist führt oft mehr Wertvolles bei sich, als er meint. Schmuck, Uhren, Kameras und Bargeld sind vor allem bei Drogenabhängigen begehrt, von denen es auch in Malaysia reichlich gibt. Und das, obwohl der Staat in puncto **Drogen** seit vielen Jahren eine **Null-Toleranz-Politik** betreibt. Hier drohen Gefängnis und Todesstrafe (Details s. S. 114)! Als Reisender sollte man sich also von jeglichen Drogen fernhalten.

Deutlich häufiger wird man als Tourist **Opfer von Trickbetrügern.** Freundliche Menschen kommen auf einen zu, fragen nach dem Woher und Wohin, manchmal wollen sie angeblich nur ihr Englisch aufbessern, und schon ist man in ein Gespräch verwickelt. Wenn offenkundig ist, dass der Tourist ebenso gesellig wie zahlungskräftig ist, kommt meist schnell der Vorschlag, z. B. bei einem „typischen Glücksspiel“ zuzuschauen. Aus dem Zuschauen wird ein Mitmachen und logischerweise ein Verlieren. Verschwinden ist oft nicht möglich oder wird zumindest recht rüde zurückgewiesen. Bevor man also einer neuen Bekanntschaft allzu viel Vertrauen schenkt oder gar in unbekannte oder abgelegene Gegenden der Stadt mit-

Manglish

Wie im Rest des Landes hat die britische Kolonialzeit auch auf Penang ihre Spuren hinterlassen. Viele englische Begriffe wurden ins Malaiische übersetzt bzw. adaptiert; so heißt ein Taxi „teksi" und ein Bus „bas" – beide Wörter entsprechen phonetisch dem Englischen. Daneben gibt es aber auch Wörter, die aus anderen Dialekten wie Mandarin, Tamil, Hokkien oder Kantonesisch Einzug in die englische Sprache fanden. So bildete sich das typische Manglish (kurz für Malaysian English) heraus. Einige Beispiele:

- ***„Ah"** wird gern als Fragewort angehängt wie in „Not hungry, ah?" („Du bist wohl nicht hungrig?").*
- ***„Can"** bejaht eine Aussage: „This way can" („Dieser Weg geht.")*
- ***„Got"** ersetzt „to have" oder „there is", z. B. „Got veggies?" („Gibt es Gemüse?").*
- ***„Lah"** ist besonders beliebt, um Aussagen zu unterstreichen: „Give me money, lah!" („Na los, jetzt gib mir schon das Geld!") oder einfach „It's ok, lah."*
- ***„Le"** wird genutzt, um knappe Anweisungen weniger scharf erscheinen zu lassen: „Passport le!" („Den Pass, bitte!").*
- ***„Liao"** ersetzt „already" wie in „finished liao" („schon fertig").*
- ***„Meh"** drückt Überraschung aus.*
- ***„One"** steht am Ende eines Satzes, um die Aussage zu betonen, z. B. „That snake is so big one!" („Die Schlange ist so groß!").*
- ***„Ready"** ersetzt „already" wie in „No thanks, breakfast ready." („Nein danke, wir haben schon gefrühstückt.")*

geht, sollte man sich fragen, was sich das Gegenüber davon erhofft.

Wird man Opfer einer Straftat, sollte man sofort die **Polizei** (s. S. 123) informieren. Oft kennen die Angestellten der eigenen Unterkunft die nächstgelegene Polizeistation. Mit einem **Protokoll** kann man eventuell Schadensersatz von seiner Reisegepäckversicherung erhalten. Bei Verlust oder Diebstahl der Papiere wendet man sich an die zuständige **diplomatische Vertretung** (s. S. 114).

Sprache

Die Amtssprache Malaysias ist **Bahasa Melayu (Malaiisch).** Daneben ist **Englisch** sehr weit verbreitet, sodass die Verständigung keinerlei Probleme bereiten sollte, eine lokale Besonderheit ist das **Manglish** (s. links). Hinzu kommen noch zahlreiche **chinesische und indische Dialekte.**

Wer sich über sein Englisch hinaus mit der einheimischen, vor allem der malaiischen Bevölkerung unterhalten möchte, sollte sich das Bändchen „Malaiisch – Wort für Wort" aus der Kauderwelsch-Reihe von Reise Know-How anschaffen. Bei vielen Gelegenheiten kann man die dort vorgestellten Vokabeln anwenden und wird damit vielerorts auf Sympathie stoßen. Zumindest ein paar Worte Malaiisch zu sprechen, erweist sich zudem als nützlich, wenn man über Preise verhandelt. Dann ist man schnell nicht mehr der ahnungslose *orang putih* (*orang*: „Mensch", *putih*: „weiß"), sondern ein *orang putih*, der sich auskennt – so wird vieles einfacher und manches preiswerter.

Eine kleine Einführung in die malaiische Sprache bietet die **Sprachhilfe** im Anhang (s. S. 134).

Telefonieren

Am preiswertesten ist es, wenn man sich nach der Ankunft eine **lokale Prepaid-Karte** für sein **Handy** kauft, um **hohe Roaminggebühren** zu vermeiden – hierfür muss das Telefon jedoch **SIM-Lock-frei** sein. Wählen kann man zwischen den Anbietern Celcom, Maxis und DiGi. Mit einer solchen Karte telefoniert man bereits für wenige Sen nach Europa. Alternativ empfiehlt sich das Telefonieren übers Internet, z. B. via Skype, oder vom Hotelzimmer aus. **Öffentliche Telefone** gibt es im Stadtbild nur noch selten. Sie akzeptieren Münzen zu 10 und 20 Sen sowie Telefonkarten.

Vorwahlen

- **Malaysia:** 0060
- **Kuala Lumpur:** 03
- **Deutschland:** 0049
- **Österreich:** 0043
- **Schweiz:** 0041

Touren

- **Gratis-Touren:** An jedem letzten Wochenende im Monat werden im Rahmen des „Last Friday, Saturday, Sunday of the Month"-Angebots auf der Insel und in der Hauptstadt George Town geführte Stadtspaziergänge und Wanderungen veranstaltet, z. B. der **LaCaLa Discovery Walk** (vormittags im historischen Viertel von George Town), der **George Town Night Walk** (abends zu verschiedenen Themen im historischen Viertel), eine **Botanikerführung** durch die Penang Botanic Gardens 28 oder die **Francis Light Cemetery Tour** auf dem Protestant Cemetery 10. Alle Führungen sind gratis, eine Voranmeldung ist allerdings erforderlich. Infos und Broschüren gibt es bei Penang Global Tourism (s. S. 119) und auf deren Website www.mypenang.gov.my (unter „Discover"/„Tours"). Infos auch auf www.facebook.com/LFSSPenang.
- **Hop-on-hop-off-Bus:** Die oben offenen Doppeldeckerbusse verkehren innerhalb von George Town und bis in den Norden der Insel. Es gibt eine **City Route** und eine **Beach Route.** Die City Route fährt auch die Talstation des Penang Hill (Bukit Bendera) 29 und die Botanic Gardens an. Mit der Beach Route lassen sich Batu Ferringhi 32, Teluk Bahang, der Taman Negara Pulau Pinang (Penang National Park) 41 und sogar Entopia 38 und Taman Rimba Teluk Bahang 39 erreichen. An insgesamt 33 Haltestellen kann man jederzeit zu- oder aussteigen. Unterwegs gibt es Informationen vom Band. Tickets erhält man direkt beim Fahrer oder online. Das Tagesticket (gültig 9–20 Uhr) kostet RM 45; zusätzlich gibt es ein Zweitagesticket. Infos und Buchung: www.myhoponhopoff.com, Tel. 018 3065546 oder 1800 885546 (Info-Hotline).
- **Stadtführungen (Guided Heritage Walks):** Der Penang Heritage Trust (www.pht.org.my) organisiert geführte Touren durch George Towns Stadtviertel (tagsüber ab 9.30 Uhr: 3 Std., abends ab 19.30 Uhr: 2 Std.). Die Mindestteilnehmerzahl liegt bei zwei. Kosten: für zwei Personen RM 160, ab drei Personen RM 130. Die Buchung erfolgt über die Internetseite des Penang Heritage Trust (Menüpunkt „Book Our Guided Heritage Tour").

Uhrzeit

Auf Penang beträgt die **Zeitverschiebung plus sieben Stunden** zur Mitteleuropäischen Zeit (MEZ), d. h. plus sechs Stunden während der europäischen Sommerzeit.

Unterkunft

Der hohen Zahl an Touristen entsprechend, ist das **Angebot an Unterkünften** auf Penang sehr **groß und vielfältig.** Es reicht von Schlafsaalbetten und einfachen Doppelzimmern in B&B-Unterkünften über moderne Boutiquehotels mit dem Charme der Kolonialzeit bis hin zu internationalen Strandresorts und teuren Luxushotels, die keinen Vergleich zu anderen Hotels in der Welt scheuen müssen.

Einfache Unterkünfte bieten meist nur ein Bett mit Waschbecken im Zimmer; dann steht eine Gemeinschaftsdusche oder -toilette zur Verfügung. Eine **Klimaanlage** (*air conditioning,* kurz AC) ist nicht immer vorhanden ist; dafür dann aber ein Ventilator *(fan).* In den **Boutiquehotels** in George Town gehören Dusche und WC im Zimmer in der Regel zur Standardausstattung. Meist steht ein Garten zur Verfügung, manchmal sogar ein Pool. Oft gibt es ein TV-Gerät, aber nur in den großen Hotels empfängt es auch internationale Sender.

Viele Hotels und Resorts lassen sich **über das Internet buchen,** etwa über die Homepage der Unterkunft oder über gängige Buchungsportale wie www.booking.com oder www.hostelworld.com. Bei manchen, sehr einfachen Unterkünften ist dies nicht möglich – dann muss man vorher anrufen oder sein Glück direkt vor Ort versuchen. Oft gibt es **online** besonders **günstige Raten,** vor allem wenn man langfristig bucht und die Nebensaison (europäische Sommermonate) für eine Reise nach Penang nutzt.

Reisende zahlen pro Nacht eine **Bettensteuer,** ausgewiesen als **„local government fee"**, in Höhe von RM 3 (Viersternehotels oder mehr) und RM 2 (Budgetunterkünfte).

Konkrete **Unterkunftsempfehlungen** stehen im ersten Teil des Buches bei den jeweiligen Orten.

Entspannung pur am Pool des Eastern & Oriental Hotel 9

Verhaltenstipps

Penang ist Teil eines **islamischen Landes** und zugleich eine multikulturelle Urlaubsdestination. Damit kann es Reibungspunkte geben, die sich jedoch leicht vermeiden lassen. Besonders wichtig ist **angemessene Kleidung.** Außer am Strand gilt: Frauen sollten sich nicht zu freizügig kleiden und nach Möglichkeit ihre Schultern bedecken – es ist immer gut, ein **Tuch** dabei zu haben (auch in den stark klimatisierten Shoppingmalls). Für Männer sind kurze Hosen außer am Strand eher unpassend.

Bei Besuchen in **Privathäusern** und der Besichtigung von **Moscheen und Tempeln** gilt es, stets die **Schuhe auszuziehen.** In Moscheen sollten Männer lange Hosen tragen, Frauen ebenfalls lange Hosen oder Röcke und idealerweise eine langärmlige Bluse. In manchen Moscheen stehen am Eingang **Umhänge und Kopftücher zur Ausleihe** zu Verfügung. Zur Zeit des **Freitagsgebets** (Mittag bis Nachmittag), dem wichtigste Gebetstermin für Muslime, sind die meisten Moscheen für Nichtmuslime nicht zugänglich.

Wenn der Gastgeber Getränke oder eine Erfrischung anbietet, gilt es als unhöflich, diese nicht anzunehmen. Beim Essen ohne Besteck wird stets nur die **rechte Hand** genutzt. Man grüßt mit rechts und nimmt so Dinge entgegen, außer **Visitenkarten,** die man mit beiden Händen überreicht und entgegennimmt. Möchte man auf etwas deuten, nutzt man statt des Zeigefingers den **rechten Daumen** bei geschlossener Faust.

Grundsätzlich darf in Tempeln und Moscheen **fotografiert** werden, außer es ist per Aushang verboten. Es ist jedoch ein Gebot der Höflichkeit, Menschen, die man ablichten möchte, vorher um Erlaubnis zu fragen *(„Boleh?").*

Moslems trinken **keinen Alkohol,** eine Binsenweisheit, die aber auch bedeutet, dass man nicht überall Alkohol bekommt. Auch zeugt es nicht von Feingefühl, wenn man in Anwesenheit von Muslimen mitgebrachten Alkohol konsumiert.

Verkehrsmittel

Bus

Das öffentliche Bussystem auf Penang wird von **Rapid Penang** betrieben und ist recht gut ausgebaut. Die Busse sind modern, sauber und klimatisiert und verkehren täglich zwischen 6.30 und 23.30 Uhr. Von den zwei großen **Bus Terminals Weld Quay** (Pengkalan Weld) **und Komtar** 25, hier *interchange* (Knotenpunkt bzw. Umsteigebahnhof) genannt, fahren Busse in nahezu alle Richtungen. Je nachdem, wohin man möchte, muss man eventuell an einem der beiden Terminals den Bus wechseln, z. B. steigt man am Weld Quay in den Bus Nr. 10 zu den Penang Botanic Gardens 28 oder in den Bus Nr. 201 zum Penang Hill (Bukit Bendera) 29. In den **Norden der Insel** kommt man mit den **Linien 101** ab Weld Quay **oder 102** ab dem Flughafen bzw. Komtar.

Die **Preise** für Einzelfahrten liegen zwischen RM 1,40 und RM 4. Die **Tickets** kauft man direkt im Bus, am besten mit passendem Kleingeld. Wer viel fahren möchte, erwirbt den **Rapid Penang Passport** für RM 30, der eine ganze Woche gültig ist.

Im Innenstadtbereich von George Town sowie in den Stadtteil Pulau Ti-

074pn-ho

kas nördlich des Zentrums verkehren die sogenannten **CAT-Busse (Central Area Transit)**, mit denen man **gratis** fahren kann. Hinter der Frontscheibe steht entweder ein Schild mit CAT oder *Free Bus Ride*. Einen **Routenplan** findet man auf der Website von Rapid Penang (unter „Journey Planner"/„Route Maps"/„List of Bus Routes", dort „CAT" anklicken).

Zum Erreichen der wichtigsten Sehenswürdigkeiten empfiehlt sich ferner die Nutzung des **Hop-on-hop-off-Busses** (s. S. 127), der auch den Norden Penangs ansteuert.

› **Rapid Penang:** www.rapidpg.com.my, Tel. 04 2381313

Taxi

Überall auf Penang trifft man auf die **rot-weißen Wagen** mit dem **„Teksi"-Schild** auf dem Dach. Die meisten Taxis besitzen **Taxameter** *(meter)*, nach denen abgerechnet werden soll, aber zumindest an den großen Sehenswürdigkeiten und den zentralen Shoppingmalls haben vor allem Touristen kaum eine Chance auf reguläre Preise. Dies gilt auch, wenn es stark regnet. Stattdessen nennt der Fahrer einen **überhöhten Festpreis** – diskutieren lohnt nur, wenn man gut Malaiisch spricht oder reichlich Zeit und Geduld mitbringt. Abends, wenn keine Busse mehr fahren, ist die Diskussion allerdings zwecklos – man zahlt wohl oder übel die überhöhten Preise.

Statt an den Sehenswürdigkeiten in ein Taxi zu steigen, empfiehlt es sich, ein Taxi **am Straßenrand heranzuwinken.** Noch einfacher ist es, sich ein Taxi über eine **Smartphone-App** (z. B. Grab, s. S. 120) zu buchen

Die Busse von Rapid Penang verkehren auf der gesamten Insel

Kleine Pause: hier warten Trishaw-Fahrer auf Kunden

oder einen Wagen vom **Hotel** bestellen zu lassen. Dann ist die Fahrt zwar etwas teurer, aber in der Regel bekommt man einen (sprach-)kundigen Fahrer, den man **stunden- oder sogar tageweise buchen** kann (ab ca. RM 160/Tag).

Trishaw (Fahrradrikscha)

Auf Penang gibt es sie noch, die gute, alte **Trishaw**, auf deren Sitzbank zwei Passagiere Platz finden und die meist mit einem klappbaren Verdeck als Sonnen- oder Regenschutz ausgestattet ist. Heute wird die Fahrradrikscha aber fast nur noch von (zahlungskräftigen) Touristen genutzt. Entsprechend hoch sind die **Preise:** Für eine halbstündige Fahrt zahlt man etwa RM 30 (ca. 6,60 €), für eine einstündige Fahrt rund RM 50 (ca. 11 €).

Versicherungen

Eine **Auslandsreisekrankenversicherung** ist unbedingt notwendig, denn durch Krankheit oder Unfall entstehende Kosten ersetzen in der Regel weder eine gesetzliche noch eine private deutsche Krankenversicherung. Alle Kosten müssen zunächst vom Betroffenen ausgelegt werden. Gegen Vorlage dieser **Kostenbelege** und von **Nachweisen über Diagnose und Therapie (auf Englisch)** erstattet die Auslandsreisekrankenversicherung später die entstandenen Kosten.

Man sollte darauf achten, dass die Police die Absicherung für einen möglichen **Rücktransport** aus medizinischen Gründen beinhaltet (gilt aber nur dann, wenn eine Behandlung im Land aus medizinischen Gründen nicht möglich ist) sowie den Rücktransport im Todesfall.

075pn-ho

Wetter und Reisezeit

Penang liegt in den **Tropen.** Das Jahr ist grundsätzlich durch den **Monsun** geprägt. Es gibt zwei Jahreszeiten: eine Regenzeit und eine Trockenzeit. Als **Regenzeit** gelten die Monate Mai bis Oktober (mit maximalen Regentagen zwischen August und Oktober), als **Trockenzeit** die Monate November bis April. Letztere ist daher die **ideale Reisezeit** für Penang. Allerdings sollte man bedenken, dass es selbst in der sogenannten Trockenzeit noch häufig regnet, allerdings sind es meist kurze, heftige Schauer.

Die **Temperaturen** liegen ganzjährig zwischen 30 und 32 °C am Tag sowie um 24 °C in der Nacht.

Die **Luftfeuchtigkeit** erreicht konstant Werte von etwa 80 %, sinkt in Küstennähe wegen des ständigen Windes meist deutlich, kann dafür aber im Regenwald durchaus bei 100 % liegen.

Sonnenuntergang am Strand von Batu Ferringhi 32

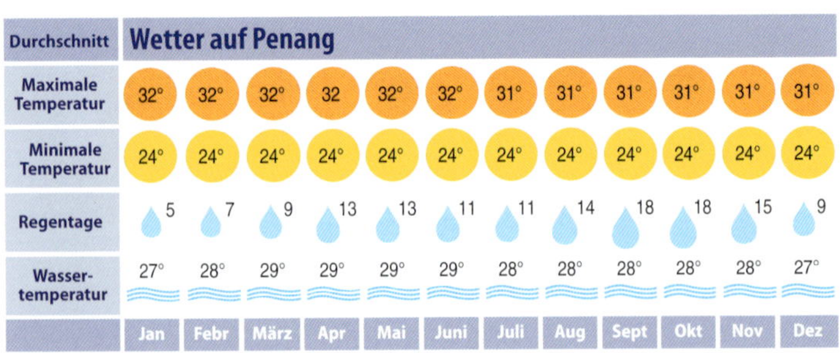

Durchschnitt	Wetter auf Penang											
Maximale Temperatur	32°	32°	32°	32	32°	32°	31°	31°	31°	31°	31°	31°
Minimale Temperatur	24°	24°	24°	24°	24°	24°	24°	24°	24°	24°	24°	24°
Regentage	5	7	9	13	13	11	11	14	18	18	15	9
Wasser-temperatur	27°	28°	29°	29°	29°	29°	28°	28°	28°	28°	28°	27°
	Jan	Febr	März	Apr	Mai	Juni	Juli	Aug	Sept	Okt	Nov	Dez

ANHANG

080pn-ho

Kleine Sprachhilfe Malaiisch

Diese Sprachhilfe entstammt dem Kauderwelsch-Band „Malaiisch – Wort für Wort“ (Band 26), erschienen im Reise Know-How Verlag. Unter „Nichts verstanden?“ (s. S. 136) ist erst die deutsche Entsprechung und darunter eine Wort-für-Wort-Übersetzung angegeben.

Aussprache der Vokale

Hier sind diejenigen Buchstaben(-kombinationen) aufgeführt, deren Aussprache abweichend vom Deutschen ist/sein kann.

a	mittellang, am Ende eines Wortes als stumpfes „e“ gesprochen; saya (ich) wird zu saye wie in „Schale“: apa (was); nama (Name); jalan (Straße, Weg)
e	teils halboffen und mittellang (gilt dann als hartes „e“) wie in „rechts“, teils stumpf und kurz (weiches „e“), zwischen zwei Konsonanten meist verschluckt (gilt dann als weich), ein Beispiel für beide „e“ ist „essen“: empat (vier); peta (Land/-Karte)
i	mittellang wie in „mit“: kita (wir); sakit (krank)
o	mittellang und mitteloffen, etwa zwischen „oft“ und „Note“: boleh (können); kota (Stadt, Festung)
u	mittellang wie in „Buch“, „muss“: buku (Buch), bulan (Mond, Monat)

Aussprache der Konsonanten

c	wie „tsch“ in „klatschen“: kecap (Soße, Ketchup); cukup (genug)
f	in arabischen und anderen Fremdwörtern, meist als „p“ gesprochen: fikir pikir (denken)
h	wie im Dt., am Wortanfang kaum, am Wortende deutlich gesprochen: hutan utan (Wald); hujan ujan (Regen); rumah (Haus); tanah (Land)
j	wie im Englischen „jungle“ (Dschungel): jual (verkaufen); belajar (lernen)
k	wird im Malaiischen am Wortende kaum ausgesprochen; Kehlkopfverschlusslaut an Stelle des „k“: budak buda' (Kind); tarik tari' (ziehen)
r	als letzter Buchstabe einer vorletzten Silbe deutlich mitgesprochen: kertas (Papier); aber wie im Dt. kaum am Satzende : pasir (Sand); telur (Ei)
s	scharf wie in „Kasse“: susu (Milch); sejuk (kalt)
v	wie in „Vase“; kommt in Lehnwörtern vor: van (Lieferwagen); universiti (Universität)
w	immer wie engl. „w“ in water: wanita (Frau); warna (Farbe)
y	wie deutsches „j“ in „Jagd“: ya (ja); yang (Rel.Pron.)
z	wie weiches „s“ in „Rose“: zaman (Zeit, Epoche)
gh	arabischer „Reibelaut“, ähnlich dem frz. „r“
kh	kommt ebenfalls in Wörtern arab. Ursprungs vor, fast wie unser „ch“ in „ach“: khabar (Neuigkeiten)
ng	ist ein einziger Laut wie in „Finger“, ohne gesondertes „g“: angin (Wind)
ny	wie „nj“: minyak (Öl); nyamuk (Moskito); banyak (viel)
sy	wie „sch“: syarikat (Firma); masyarakat (Gesellschaft)

+++ Die wichtigsten Wörter mit dem Bonus-Audiotrack des Kauderwelsch-

Die wichtigsten Floskeln und Redewendungen

ja	*ya*
nein	*tidak*
es gibt (nicht)	*(tidak) ada*
Hallo!	*hai*
Was möchtest Du?	*Apa mau awak?*
Ich möchte ... (nicht).	*Saya (tidak) mau ...*
Danke	*terima kasih*
Verzeihung	*minta maaf*
Macht nichts.	*Ta' apa-apa*
Ich weiß nicht.	*Ta' tau.*
Ich habe keine Zeit.	*Saya tiada sempat.*
Guten Morgen	*selamat pagi*
Guten Abend	*selamat malam*
Gute Nacht	*selamat tidur*
Gute Reise!	*selamat jalan*
Herzlich willkommen!	*selamat datang*
Bis zum nächsten Mal!	*Sampai jumpa lagi.*
Ich steige hier aus.	*Turun di sini.*
Ich möchte ... kaufen.	*Saya mau beli ...*
Ich liebe dich.	*Aku cinta pada mu.*
Hilfe, schnell, schnell!	*Tolong, cepat-cepat.*
Ich bin krank/verletzt.	*Saya sakit.*

Die wichtigsten Fragen

Wo ist ...?	*Mana ...?*
Wer ist das?	*Siapakah ini?*
Was ist das?	*Apakah itu?*
Wo kann ich ... kaufen?	*Di mana boleh saya membeli ...?*
Was kostet das?	*Berapa ini?*
Wie teuer ist das?	*Berapa harga?*
Wie spät ist es?	*Jam/pukul berapa?*
Wie lange dauert das?	*Berapa jam?*
Wie heißt Du?	*Siapa nama?*
Woher kommst Du?	*Saudara/i dari mana?*
Wie alt bist du?	*Umur berapa?*
Was ist dein Beruf?	*Kerja apa?*
Wie viele Kinder hast Du?	*Anak berapa orang?*
Ist dies der Weg nach ...?	*Adakah jalan ini jalan ke ...?*
Wie weit ist es von hier nach ...?	*Berapa jauh ... dari sini?*
Wo fährt der Bus nach ab?	*Dari manakah bas ke ... berlepas?*
Um wie viel Uhr fährt der Bus nach ... ab?	*Pukul berapa bas ke ... berlepas?*
Wo kann ich ein Auto/ Motorrad leihen?	*Di mana boleh saya menyewa motokar/motosikal?*

Wochentage

hari Ahad/(hari minggu)	Sonntag
hari Isnin	Montag
hari Selasa	Dienstag
hari Rabu	Mittwoch
hari Khamis	Donnerstag
hari Jumaat	Freitag
hari Sabtu	Samstag

Zahlen

0	*kosong*
1	*satu (se-)*
2	*dua*
3	*tiga*
4	*empat*
5	*lima*
6	*enam*
7	*tujuh*
8	*lapan*
9	*sembilan*
10	*sepuluh*
11	*sebelas*
30	*tiga puluh*
65	*enam puluh lima*
123	*seratus dua puluh tiga*
404	*empat ratus empat*
1100	*seribu seratus*
1572	*seribu lima ratus tujuh puluh dua*
10 000	*sepuluh ribu*
1 Million	*sejuta/satu juta*
5 Millionen	*lima juta*

Zeitangaben

pagi	morgens, vormittags
pagi-pagi	sehr früh morgens
tengahari	mittags
petang	nachmittags
malam	abends, nachts
jam	Stunde, Uhr
minit	Minute
saat	Sekunde
waktu, masa	Zeit
tarikh	Datum

Fragewörter

siapa	wer
di mana/ke mana	wo/wohin
siapa punya	wessen
dari mana/yang mana	woher/welcher
kenapa, mengapa	warum, weshalb
bagaimana, macam mana	wie
bila	wann

Richtungsangaben

ke kiri	nach links
ke kanan	nach rechts
terus	geradeaus
belok	abbiegen
utara/selatan	Norden/Süden
barat/timur	Westen/Osten

Nichts verstanden?

Boleh cakap Bahasa Malaysia?	Sprichst Du Malaiisch? *können sprechen Sprache Malaysia*
Ya, sedikit saja.	Ja, ein bisschen. *ja etwas nur*
Saya tak faham kata ini.	Ich verstehe dieses Wort nicht. *ich nicht verstehen Wort dieses*
Tolong jangan cakap cepat-cepat.	Bitte sprich nicht so schnell. *bitte nicht sprechen schnell-schnell*

Register

A

Acheen Street Mosque 33
Adapter 115
Air Terjun Titi Kerawang 67
Akuarium
  Tunku Abdul Rahman 71
Alkohol 86, 129
Andenken 97
Anreise 108
Apotheke 121
Apps 120
Aquarium 71
Artenschutz 103
Ärzte 121
ATM 115
Aufsitzerpflanzen 101
Ausrüstung 111
Autofahren 111
Awal Muharram 85

B

Baba-Nyonya 36
Baden 74
Bahasa Melayu 126
Bahn (Anreise) 108
Balik Pulau 68
Bananenbootfahren 75
Bargeld 115
Barrierefreiheit 113
Bars 54, 59
Batik 61
Batik Factory 60
Batu Ferringhi 56
Bäume, tropische 40
Bed and Breakfast 128
Behinderte 113
Benutzungshinweise 8
Bettensteuer 128
Bindenwarane 102
Blue Mansion 26
Bon Odori Festival 84
Bootsanleger
  (Nationalpark) 64
Botanic Gardens 39
Botanischer Garten 39
Botschaften 114
Boutiquehotels 128
Bukit Bendera 41
Bumiputra 13
Bundesstaat Penang 10
Burmese
  Buddhist Temple 37
Bus 129
Bus (Anreise) 110
Butterfly Farm 62
Butterworth,
  William John 38

C

Canopy Walkway 64
CAT-Busse 130
Cathedral 20
Cenotaph 18
Central Area Transit
  (CAT) 130
Chap Goh Meh 82
Cheong Fatt Tze
  Mansion 26
Chinese New Year 82
Chinesisches Neujahr 82
Chingay Parade 85
Chor Soo Kong Temple 71
Chung Keng Kwee 35
Church in the
  Holy Name of Jesus 69
Church of the
  Assumption 20
City Hall 18
Clan Jetties 33
Clans 31
Clock Tower 16
Colonial District 14
Cornwallis 17
Craft Batik 60
Curtis, Charles 39

D

Debit-Karten 116, 123
Deepavali 85
Denguefieber 118
Dhammikarama Burmese
  Buddhist Temple 37
Diplomatische
  Vertretungen 114
Diskotheken 55
Dragon Boat Festival 83
Drogen 114
Dschungelwandern 65
Durian 87
Durian Festival 83

E

Eastern & Oriental Hotel 21
Ebenholzbaum 40
Echo-Dom 25
EC-Karte 115, 123
Einkaufen 96
Ein- und Ausreise-
  bestimmungen 114
Einwohner 12
Electric Trains
  Services (ETS) 109
Elektrizität 115
Englisch 126
Entopia 62
E & O Hotel 21
Escape 62
Essen 86
Ethnien 12
Events 82

F

Fahrradrikscha 131
Fahrradverleihe 80
Farquhar,
  Robert Townsend 17
Fauna 102
Feiern 82
Feiertage 85
Feilschen 98
Fernbusse 110
Feste 82
Festpreise 98
Festung 17
Filmen 115
Floating Mosque 56
Flohmarkt 98
Flora 99
Floral Festival 83

Flughafen 108
Flugzeug 108
Folklore 82
Food Courts 51, 94
Forestry Museum 63
Fort Cornwallis 17
Fotografieren 115
Freitagsgebet 129
Fremdenverkehrsamt 119
Friedhöfe 25
Früchte, tropische 87
Fruit Farm 67
Funicular 42

G
Garküchen 93
Gastronomie 86
Geburtstag des Königs 83
Gelbfieber 117
Geldfragen 115
George III. 14
George's Church 28
George Town 13
George Town Festival 84
George Town World Heritage City Day 84
Gerichtsgebäude 19
Geschichte 104
Gesundheitsvorsorge 117
Getränke 86
Gewichte 121
Goddess of Mercy Temple 28
Gold 96
Golf 80
Gratis-Touren 127
Guesthouses 128
Guided Heritage Walks 127

H
Hakka Cultural Festival 83
Handeln 98
Handy 127
Han Jiang Ancestral Temple 29
Hari Merdeka 84
Hari Raya Aidilfitri 84
Hari Raya Haji 84
Hari Raya Puasa 84
Hawker Stalls 51, 93
Heritage Garden 62
Heritage Walks 127
Heritage Wing 25
Himmelfahrtskirche 20
Historisches Zentrum 16
Höchstgeschwindigkeit 111
Hockklo 119
Honorarkonsulat 114
Hop-on-hop-off-Bus: 127
Hotels 128
Hungry Ghost Festival 84
Hygiene 94, 118

I
Impfungen 117
India House 36
Informationsquellen 119
Infostellen 119
International Dragon Boat Festival 83
Internet 120
Islam 129

J
Jackfrucht 87
Jade Emperor God Festival 82
Javaneraffen 41, 64
Jazz Festival 85
Jeep Track 43
Jet-Ski 75

K
Kannenpflanzen 63
Kanonenkugelbaum 40
Kapitan Cina 35
Kapitan Keling Mosque 29
Kartensperrung 123
Kathedrale 20
Katholischer Friedhof 25
Kedai Kopi 94
Kek Lok Si Temple 44
Kerzenbaum 40
Khoo Kongsi 32
Kinder 122
Kitesurfen 75
Kleidung 111
Kletterpark 62
Klimaanlage 128
Kliniken 121
Klubs 55
Kochkurse 60, 95
Komtar Tower 36
Konfektionsgrößen 121
Kong Hock Keong Temple 28
Kongsis 31
Kopitiam 94
Kosten 116
Krankenhäuser 121
Kreditkarte 115, 123
Kriegsmuseum 70
Kuan Yin Temple 28
Küche 89
Kunsthandwerk 60

L
Landungsstege (Clan Jetties) 33
Langstreckentaxis 110
Lantern Festival 84
Lanzenotter 71
Lebuh Chulia 22
Leitungswasser 119
Leong San Tong Kho Kongsi 32
Leonowens, Thomas 26
Lesben 124
Leuchtturm 17
Light, Francis 105
Linksverkehr 111
Literaturtipps 120
local government fee 128
Lokale 95
Lounges 54
Luftfeuchtigkeit 132

M
Maal Hiraj 85
Maestro-Karte 115, 123
Malaien 13

Malaiisch 126, 134
Malaria 118
Malaysia Day 84
Mamak Stalls 94
Manglish 126
Mangrovenvegetation 102
Marathon 85
Markenware 96
Märkte 51
Masjid Bukit Bendera 43
Masjid Kapitan Keling 29
Masjid Melayu
Lebuh Acheh 33
Masjid Terapung 56
Maße 121
Maulid Nabi 85
Maulidur Rasul 85
Medien 120
Medikamente 117, 121
Medizinische
Versorgung 121
Meeresschildkröte,
Grüne 103
Mehrwertsteuer 96
Menara Tun Abdul Razak 37
Merdeka Day 84
Mid-Autumn
Lantern Festival 84
Mietwagen 113
Mitbringsel 97
Moniot Road 42
Monkey Beach 64
Monsun 132
Moon Gate 43
Muka Head Lighthouse 66
Museum Perhutanan Hutan
Lipur Teluk Bahang 63
MYR 115

N

Nachtleben 54, 59
Nachtmarkt 57
Nachtzug 109
Nagore Durgha Sheriff
(Nagore Shrine) 35
Nationalpark 63
Natur 99
Navratri Festival 84
New Economic
Policy (NEP) 13
Night Market 57
Nine Emperor
Gods Festival 84
Norden 55
Notfälle 123
Notrufnummern 123
Nuzul Al-Quarn 84
Nyonya 36
Nyonya-Küche 93

O, P

Öffnungszeiten 124
Owl Museum 43
Pagode der
10.000 Buddhas 45
Pantai Kerachut 64
Parasailing 75
Pasar Malam 57
Pasar Tani 69
Penang Aquarium 71
Penang Batik Factory 60
Penang
Bon Odori Festival 84
Penang Botanic Gardens 39
Penang Bridge International
Marathon 85
Penang Butterfly Farm 62
Penang Durian Festival 83
Penang Floral Festival 83
Penang Global Tourism 119
Penang Heritage Trust 15
Penang Hill 41
Penang Hot Air Balloon
Fiesta 82
Penang
International Airport 108
Penang International
Dragon Boat Festival 83
Penang Island
Jazz Festival 85
Penang National Park 63
Penang
Peranakan Mansion 35
Penang State Art Gallery 20
Penang State Museum 19
Penang War Memorial 18
Penang War Museum 70
Pengkalan Weld 34
Pensionen 128
Peranakan 36
Peranakan-Museum 35
Plagiate 57
Polizei 123
Pongal Festival 82
Post 124
Preise 116
Prepaid-Karte 127
Promillegrenze 111
Protestant Cemetery 25
Protestantischer Friedhof 25
Pubs 54
Pulau Pinang 10

Q, R

Qing Ming 83
Queen Victoria Memorial
Clock Tower 16
Radfahren 80
Rapid Penang 129
Rathaus 18
Rauchen 94
Regenbaum 40
Regenwald, tropischer 99
Regenzeit 132
Registrierungsbüro
Penang National Park 66
Reisezeit 132
Religion 12
Restaurants 95
Ringgit 115
Rückreise 108
Rundgang 22

S

Sarkie, Gebrüder 21, 24
Schildkrötenstation 66
Schlangentempel 71
Schmetterlingspark 62
Schmuck 96
Schnellzug 109
Schnorcheln 75

Schwule 124
Seamonkey Dive Center 75
Shophouse-Architektur 30
Shopping 96
Sicherheit 125
SIM-Karte 123
Sky Walk 41
Snake Temple 71
Snake Temple Celebration 83
Songkran Festival 83
Souvenirs 97
Speisen 86
Sperrnotruf 123
Spice Garden 60
Sprache 126
Sprachhilfe 134
Sri Aruloli Thirumurugan Temple 43
Sri Maha Mariamman Temple 28
Stadtführungen 127
Stadthalle 19
Stadtspaziergang 22
Standseilbahn 42
State Museum 19
Stausee am Teluk Bahang Dam 63
St. George's Church 28
Strände 74
Straßennamen 15
Street-Art 29
Stromspannung 115
Süden u. Südosten 68
Sun Yat Sen Museum Penang 30
Supermärkte 52
Supreme Court Building 19
Surfen 75

T

Taman Bunga Pulau Pinang (Taman Botani) 41
Taman Negara Pulau Pinang 63
Taman Rimba Teluk Bahang 63
Tanjung Bungah 55
Tankstellen 112
Taschendiebe 125
Tauchen 75
Taxi 130
Taxi (Anreise) 110
teh tarik 86
Telefonieren 127
Teluk Ailing 103
Teluk Bahang 60
Teluk Bahang Dam 63
Teluk Duyung 66
Teluk Kampi 67
Temperaturen 132
Temple of Supreme Bliss 44
Tempolimit 111
Thaipusam 83
The Blue Mansion 26
Tierwelt 102
Titi Kerawang 67
Toiletten 119
Tollwut 118
Touren 127
Tourismus 12
Touristenabgabe 128
Touristeninformation 119
Town Hall 19
Toy Museum Heritage Garden 62
Trickbetrüger 125
Trinken 86
Trinkgeld 95
Trinkwasser 119
Trishaw 131
Tropical Fruit Farm 67
Tropical Spice Garden 60

U

Uhrenturm 16
Uhrzeit 127
UNESCO 16
Unterkunft 128

V

Vaisakhi Celebration 83
Vegetarier 95
Veranstaltungen 82
Verhaltenstipps 129
Verkehrsschilder 113
Verkehrsmittel 129
Verkehrsregeln 111
Versicherungen 131
Vesak Day 83
Victory Annexe 25
Visa-Karte 115, 123
Vorwahlen 127
V PAY 116

W

Währung 115
Waldmuseum 63
Wandern 75
Warane 102
War Museum 70
Wasser 119
Wasserfall 67
Wassersport 75
Wassertemperatur 74
Wat Chaiya Mangkalaram 38
Websites zur Insel 119
Wechselkurs 115
Weihnachten 85
Weld Quay 34
Wellenreiten 75
Weltkulturerbe 16
Wesak Day 83
Wet Market 69
Wetter 132
WiFi 120
Wirtschaft 12
WLAN 120
World Heritage City Day 84
Würgfeigen 101

X, Y, Z

Xuan Wu Temple 70
Yap Kongsi 32
Zacharevic, Ernest 29
Zahlungsmittel 115
Zeit 127
Zinn 98
Zoll 97, 114

077pn-ho

„*Dog and Steak*“, *ein Street-Art-Gemälde in George Town*

Schreiben Sie uns

Dieses Buch ist gespickt mit Adressen, Preisen, Tipps und Daten. Unsere Autoren recherchieren unentwegt und erstellen alle zwei Jahre eine komplette Aktualisierung, aber auf die Mithilfe von Reisenden können sie nicht verzichten. Darum: Teilen Sie uns bitte mit, was sich geändert hat oder was Sie neu entdeckt haben. Gut verwertbare Informationen belohnt der Verlag mit einem Sprachführer Ihrer Wahl aus der Reihe „Kauderwelsch“.

Kommentare übermitteln Sie am einfachsten, indem Sie die Web-App zum Buch aufrufen (siehe Umschlag hinten) und die Kommentarfunktion bei den einzelnen auf der Karte angezeigten Örtlichkeiten oder den Link zu generellen Kommentaren nutzen. Wenn sich Ihre Informationen auf eine konkrete Stelle im Buch beziehen, würde die Seitenangabe uns die Arbeit sehr erleichtern. Unsere Kontaktdaten entnehmen Sie bitte dem Impressum.

Impressum

Klaudia und Eberhard Homann

InselTrip Penang

1. Auflage 2016

ISBN 978-3-8317-2727-8
Printed in Germany

Druck und Bindung:
Media-Print, Paderborn

Herausgeber: Klaus Werner, Ulrich Kögerler
Layout: amundo media GmbH (Umschlag, Inhalt), Peter Rump (Umschlag)
Lektorat: amundo media GmbH
Karten: Ingenieurbüro B. Spachmüller, amundo media GmbH
Anzeigenvertrieb: KV Kommunalverlag GmbH & Co. KG, Alte Landstraße 23, 85521 Ottobrunn, Tel. 089 928096-0, info@kommunal-verlag.de
Kontakt: Osnabrücker Str. 79, 33649 Bielefeld, info@reise-know-how.de

---

Bildnachweis

Umschlagvorderseite: takawildcats (fotolia.com) | Umschlagklappe rechts: ho (die Autoren). Soweit ihre Namen nicht vollständig am Bild vermerkt sind, stehen die Kürzel an den Abbildungen für die folgenden Fotografen, Firmen und Einrichtungen. Klaudia, Eberhard und Tanah Rebecca Homann: ho | fotolia.com: fo | dreamstime.com: dt

Penang mit PC, Smartphone & Co.

QR-Code auf dem Umschlag scannen oder **www.reise-know-how.de/inseltrip/penang16** eingeben und die **kostenlose Web-App** aufrufen (Internetverbindung zur Nutzung nötig)!

★**Anzeige der Lage und Satellitenansicht** aller beschriebenen Sehenswürdigkeiten und weiteren Orte
★**Routenführung** vom aktuellen Standort zum gewünschten Ziel
★**Exakter Verlauf** der empfohlenen Wanderungen und des Stadtspaziergangs
★**Audiotrainer** der wichtigsten Wörter und Redewendungen
★**Updates** nach Redaktionsschluss

GPS-Daten zum Download

Auf der Produktseite dieses Titels unter www.reise-know-how.de stehen die GPS-Daten aller Ortsmarken als KML-Dateien zum Download zur Verfügung.

Inselplan für mobile Geräte

Um den Inselplan auf Smartphones und Tablets nutzen zu können, empfehlen wir die App „PDF Maps" der Firma Avenza™. Der Inselplan wird aus der App heraus geladen und kann dann mit vielen Zusatzfunktionen genutzt werden.

Die Web-App und der Zugriff auf diese über QR-Codes sind eine freiwillige, kostenlose Zusatzleistung des Verlages. Der Verlag behält sich vor, die Bereitstellung des Angebotes und die Möglichkeit der Nutzung zeitlich und inhaltlich zu beschränken. Der Verlag übernimmt keine Garantie für das Funktionieren der Seiten und keine Haftung für Schäden, die aus dem Gebrauch der Seiten resultieren. Es besteht ferner kein Anspruch auf eine unbefristete Bereitstellung der Seiten.

Zeichenerklärung

- Hauptsehenswürdigkeit
- Aussicht
- Buddhistischer Tempel
- Busbahnhof
- Fähre
- Flughafen
- Fort
- Gipfel
- Golfplatz
- Hafen
- Hinduistischer Tempel
- Kirche, Kloster
- Leuchtturm
- Mangrovenwald
- Moschee
- Museum
- Sehenswürdigkeit
- Strand
- Taxistand
- Tiergehege

- Unterkünfte
- Essen und Trinken
- Einkaufen/Sonstiges
- Nachtleben
- Aktiv

Bewertung der Attraktionen

★★★ nicht verpassen
★★ besonders sehenswert
★ wichtig für speziell interessierte Besucher

Nachtleben

1 Soi 11 Unplugged Bar & Restaurant
2 Slippery Senoritas
6 Mois
10 Soho Free House Penang
11 Seventy7
20 Baba Bar
46 Jammin Via Pre
56 QEII
67 The Canteen at ChinaHouse
70 M2

Essen und Trinken

3 Mansion 20 (M20)
7 Three-Sixty Revolving Restaurant and Sky Bar
9 Sup Hameed
24 Eng Loh Kopitiam
25 The Cruises Steak House
26 Ee Beng Vegetarian Food
27 Ban Heang Cafe (BH Cafe)
28 Hameediyah
34 Rainforest Bakery
35 Lebuh Chulia Hawker Stalls
36 Danish Briyani House
37 Sri Ananda Bahwan
38 Old Town White Coffee
40 Beach Street Food Court
47 Loke Thye Kee
49 Kapitan Restoran
57 Kek Seng Cafe
58 Max Gourmet Komtar Walk
62 My Own Cafe
66 Lebuh Armenian Hawker Stalls

Aktiv

19 Love Bike
51 Chin Seng Leong Bicycle Shop
54 The Leaf Bike Rental
55 Metro Bike
68 Freedom Leisure Cycle Supply

Unterkünfte

12 Tune Hotel
13 Hutton Lodge
14 Banana Boutique Hotel
15 Muntri Grove
16 Chulia Heritage Hotel
17 Muntri Mews
18 23LoveLane Hotel
23 Roommates Penang
30 Campbell House
31 Cintra Heritage House
32 Grand Swiss Hotel
33 Chulia Mansion
50 The Boutique Residence
53 G Times Inn Hotel
60 Le Dream Boutique Hotel
61 Spices Hotel
69 Sweet Cili Hotel

Einkaufen/Sonstiges

4 Little Penang Street Market
5 Penang State Art Gallery
8 Happy Mart
21 The Apothecary Pharmacy
22 Lean Giap Trading
29 Beads Zone
39 Penang Global Tourism
41 Penang General Post Office
42 Penang Bazaar
43 Pasar Chowrasta
44 Campbell Street Market
45 Little India Market
48 Balai Polis Central
52 Zhang Trading
59 Pacific Hypermarket
63 Owl Shop
64 Willemina
65 Nyonya Beaded Shoes